放課後等デイサービス

# 5領域に対応
# 療育トレーニング50

中村一彰・小嶺一寿

［著］

東洋館出版社

# はじめに

　児発や放デイ業界では、2024年４月の報酬改定により５領域への対応が求められることになりました。

　多くの事業所が、「５領域への対応をどうしよう」「これまで実施していた療育メニューでは足りないようだ」という状況にあり、何を追加したらよいのか、どう課題をつくったらよいのか困っているのではないでしょうか。

　また、web上にはすでにたくさんの療育課題が存在はしていますが、その情報量の多さから選ぶことに時間と手間がかかってしまいます。

　そこで、本書では５領域に対応した療育メニューを50個用意しました。これらの教材は、私たちが関わる600事業所を超える児発や放デイの先生方に、実際に使用していただき、特に効果が確認されたものを厳選しました。

　その内訳は、健康・生活が８個、運動・感覚が15個、言語・コミュニケーションが７個、認知・行動が12個、社会性・人間関係が８個です。

　特別な道具やコストのかかるものではなく、身近にある素材で手軽に作成できるものを中心に構成しています。加えて、必要な教材はQRコードを読み取り活用しやすくしました。

　各メニューを基本型にして、子ども一人ひとりに合わせて難易度を調整することも可能で、汎用性の高い療育メニューになっています。

　これらによって現場で奮闘する方々の負担を減らしながら、質の高い療育の実践をお手伝いできるものと思っています。

　また、本書は療育メニューを紹介しているだけでなく、アセスメントの重要性とそのやり方についても解説をしています。

　日々の療育や保護者とのコミュニケーションのなかで、「なぜこれをやっているのか？」「本当にこれでよいのか？」という懸念がよぎるのではないでしょうか？

　私たちが2023年７月に実施したアンケートでは、「保護者への対応・説明に不安を感じることはありますか？」という問いに73.1%が「はい」と回答しました。

　また、「子どもの特性に合わせた療育を考えることが難しいと感じることはあるか？」という問いには92.3%が「はい」という回答でした。（n=319）

　このアンケート結果から、一人ひとりの困り感の原因を突き止め、それを解決・緩和するための課題を考えることは非常に難しい技術であることがわかります。

　たとえば、「塗り絵ができないから、塗り絵の練習をしよう」「なわとびができないから、なわとびの練習をしよう」といった、対処療法を行ってしまいがちです。

しかし、塗り絵ができない原因はなにか？という観点でアセスメントを適切に行うと、その原因は眼球運動の問題であったり、空間認知の問題であったり、眼と手の協調運動の問題であったりするかもしれません。

原因を特定せずに「塗り絵の練習」を繰り返したところでできるようにはならず、子どもたちは「練習してもできるようにならない」という気持ちが強くなっていきます。もしこれが二次障害につながるようなことになれば、問題はどんどん大きくなっていきます。子どもの自尊心に悪影響を及ぼしますし、現場の負担も重くなるばかりでしょう。

本書では療育メニューを紹介するだけでなく、アセスメントの重要性とそのやり方について第2章で解説しています。この根底にある私たちの考えは、「子どもが活動に合わせるのではなく、活動を子どもに合わせる」というものです。

現場のみなさんは、子どもたちの困り感をやわらげたいという優しさをエンジンに、日々努力をされていると思います。みなさんに「厳選メニュー50個」と「アセスメントの考え方」をご提供することで、一緒に業界の品質向上を推進していきたいという願いです。

それこそが、障害をおもちの子どもたちが自分らしさを大切にしながら社会でイキイキと"生きる"ことに貢献できると思っています。

本書は、放デイ向けの療育教材開発を2017年から取り組んでいる株式会社ヴィリング代表の中村と、作業療法士として16年間研究と実践に取り組む株式会社みやとの小嶺の2人で執筆をしました。

第1章は業界背景について、第2章ではアセスメントについて、第3章では療育メニュー50を掲載しています。関心あるところからお読みいただいて構いませんが、私たちのこの業界への問題意識や、みなさんと高めていきたい技術は第2章に詰め込んでいます。

本書を通じてみなさん自身がイキイキと誇りをもって療育に取り組めることになれば幸いです。

株式会社ヴィリング　代表　**中村一彰**

## 目次

### 第1章 知っておきたい放デイの基礎知識 ··········· 7

発達障害の子が増加している理由 ··········· 8

2024年4月の法改正のねらい
（令和6年度 障害福祉サービス等報酬改定）··········· 10

報酬改訂の具体とポイント ··········· 14

「放課後等デイサービスガイドライン」の改訂 ··········· 20

5領域の支援 ··········· 24

### 第2章 アセスメントの重要性 ··········· 27

支援計画をつくるためのアセスメント ··········· 28

よくある間違った対処療法 ··········· 36

個別支援計画の作成と注意点 ··········· 40

co-miiを開発したねらい ··········· 46

# 第3章 療育メニュー50 ········ 51

## 療育メニューの見方 ········ 52

### 健康・生活

生活習慣の大切さ ········ 54

二次障害を予防する ········ 56

食事動作の関わり方 ········ 58

身だしなみの整え方 ········ 60

バスの乗り降りの仕方 ········ 62

バスの時刻表の読み方 ········ 63

電車の乗り降りの仕方 ········ 64

電車の時刻表の読み方 ········ 65

### 運動・感覚

スライムから宝さがし ········ 66

だるまさんポーズ ········ 67

飛行機ポーズ ········ 68

ジュース屋さん ········ 69

線上あるき ········ 70

手押し車タッチ ········ 71

かえるゲーム ..................................................... 72

ぞうきんがけレース ......................................... 74

背中文字当てゲーム ...................................... 75

眼球運動の活動 ............................................... 76

ビー玉迷路 ........................................................ 77

ブラックボックス ............................................. 78

指トントン色合わせ ........................................ 79

紙コップピンポン ............................................ 80

おはじきを立てよう ........................................ 81

## 言語・コミュニケーション

３つのお題でカード合わせ ........................... 82

当てはまる言葉を選ぶ・書く ..................... 83

穴うめしりとり .................................................. 84

虫食い連想ゲーム .......................................... 85

連想ゲーム ........................................................ 86

ことばさがし ...................................................... 87

くじびき語想起 ................................................. 88

## 認知・行動

おとのかず　シールをはろう ……………… 89

音を聞き分ける力・操作する力 ……………… 90

音を聞き分ける力・操作する力（特殊音節編）……………… 91

きくトレ ……………… 92

同じ線を見つけよう＆線たどり ……………… 93

同じ形をかく ……………… 94

数字を見ておぼえましょう！ ……………… 95

数字を反対からおぼえましょう！ ……………… 96

モール文字 ……………… 97

ブロック教材①　ふりこ運動 ……………… 98

ブロック教材②　平行運動 ……………… 99

文字の並び替え ……………… 100

## 社会性・人間関係

協力運びゲーム ……………… 101

形と色をこたえよう ……………… 102

ドキドキ鬼ごっこ ……………… 103

ジェスチャービンゴ ……………… 104

グーパー体操 ……………… 105

ピンポン玉リレー ……………… 106

かごの中身記憶ゲーム ……………… 107

メンタルローテーション ……………… 108

第 1 章

# 知っておきたい
# 放デイの基礎知識

# 発達障害の子が増加している理由

## ● 発達障害が13年間で10倍以上に増えた理由

この13年で発達障害の子どもが10倍以上に増えたと言われていますが、その理由はなんでしょうか？

実際に数字を見ると2006年で7000人だったところ、2020年で９万人を超えました。また、文部科学省が教員に対して特別な支援が必要な生徒の割合についてアンケートをとったところ、2012年では6.6％という回答が、2022年では8.8％となっています。

この数字を見ると「発達障害の子が増えた」と思ってしまいがちですが、私はそれよりも、「検査の方法が充実していった」「法制度が改正されていった」「小児・発達外来の医療機関が増えていった」ということが要因だと解釈しています。

## ● 平成13年当時は発達障害と判断できなかった

先日、保健師歴30年の方からお話を聞いたところ、平成13年（2001年）当時は検診（３ヶ月、６ヶ月、１歳半、３歳、就学時）を担当している保健師のなかで、自閉症（現在は自閉スペクトラム症）を認識できる保健師は１割もいなかったそうです。発達の遅れはあるなと思いながらも、自閉スペクトラム症を疑える人は少なかったのです。

また、当時その保健師さんが勤務されていた伊豆地域では、小児・発達外来をみれる医療機関は１箇所だったそうです。

その後徐々に、「デンバー発達判定法を取り入れるようになって発達障害に気づきやすくなっていったり、小児・発達外来を診断できる医療機関が増えていったのよ」とお話されていました。

現在ではWISC-VやK-ABC2、Vinelandなど様々な検査手法で評価することができるようになりました。専門の医療機関も増え、前述の伊豆半島の13の市町で発達外来を検索すると、24件が標榜しています。

文科省や厚労省の制度も、同じような時期に法改正をしていきました。それまで「特殊教育」と呼ばれていたのに対して平成19年（2007年）に「特別支援教育」と呼称が変わりました。盲・聾・養護学校から特別支援学校に名称が変わったのも同じタイミングです。

平成24年（2012年）に、児童福祉法のなかで放課後等デイサービスが創設されました。

このような環境の変化に伴って、保護者や社会全体が発達障害について認知するようになっていき、診断できる検査方法や医療機関が増えていったことが、「発達障害が10倍以上になっ

た」という要因だといえるでしょう。

## 放デイと児童発達支援事業所を合わせると28000事業所に

発達障害や療育について十分な研究と実践がない状態でありながら、子どもたちを受け入れる場所づくりは待ったなしということで、事業所が全国に一気に増えていきました。模索しながらやっている、勉強しながら取り組んでいるという状況だと言っても過言ではありません。

まだまだ事業所は増えるのでしょうか？ 18歳までの子どもたちの8％程度をカバーできる事業所数という観点でいくと、まだ不足しており、もう少し増えると考えています。実際に申請を予定している事業者さんの話を耳にしますし、開設準備という情報も入ってきます。

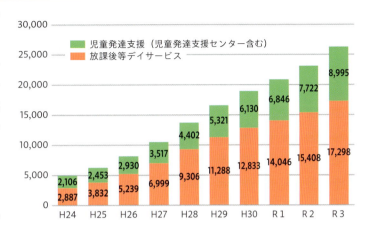

出典：国保連データをもとに筆者作成

一方で、地域によっては事業所数が過密になってきて、新規開設を控えている自治体もあります。地域によってはまだ増えるが、もう新規開設は許可しなくなった自治体も出始めているという状況です。

## 療育は、量から質へ

現在の放デイ業界は、「量はある程度整いつつあるので、今後は質を高めることに注力すべき」という段階にあります。

今回の法改正もこれが如実に表れています。2024年の法改正により、業界に大きな衝撃が走りました。特に「5領域」というキーワードには戸惑っている事業所が多いです。

しかし、「こどもまんなか」にして、子どもの成長を促すために一生懸命に取り組む事業所には収益が得られる構造になっています。

きちんと法改正を理解し、子どもに適切な療育を一生懸命取り組む事業所は安定した経営もできます。そして、スタッフがやりがいをもって仕事をすることにもつながります。

思いをもってこの業界で働いている人たちが、不安をもちながら仕事をしたり、やりがいを感じられないのは非常に残念なことです。

次項より、法改正やガイドラインの解説と、5領域に対応するために重要なアセスメントのやり方を小嶺からご紹介します。そして、中村と小嶺たちがつくった療育メニュー550個のうち、厳選した50のメニューを第3章に掲載しています。

現場のスタッフのみなさんが元気になるために、やりがいをもって仕事をし続けられるためにこの情報が参考になればうれしいです。

# 2024年4月の法改正のねらい
## （令和6年度 障害福祉サービス等報酬改定）

### 不正受給・名義貸し問題とその実態

　2024年4月に実施された報酬改定は、放課後等デイサービス（以下、放デイ）業界における不正受給や不適切な運営に対する対策を強く意識した内容となっています。

　各都道府県で明るみに出た不正受給の事例では、複数の事業所が実際には提供していないサービスに対して報酬を請求するという悪質な行為が確認されました。

　また、人材不足や資格要件を満たす雇用が難しい状況から、資格保有者が名前だけ貸して配置基準を満たす「名義貸し」が行われるケースが増えています。これは、業界全体の信頼を大きく損ねる深刻な問題となっています。

　厚生労働省の令和3年度 指定取消・効力の停止処分のあった事業所数（サービス別）のデータによると、放デイ事業所の指定取消件数は福祉サービス全体の中でも突出して高く、全体の約30％を占めていました。

　これは、放デイ業界における不正受給や名義貸しの横行が、他の福祉サービスに比べても深刻であることを示しています。このような問題に対処するため、今回の報酬改定では、不正防止が主要な目的の一つとされ、ガイドラインの見直しや報酬請求に関するルールの厳格化が行われました。

（令和3年度 厚生労働省 障害保健福祉関係主管課長会議資料より抜粋）

### 行政の対応と不正行為の実態

　行政担当者からも、「これまでの監督体制では把握しきれなかった不正行為が多く、内部告

発を通じて初めて実態が明らかになった」という声が聞かれます。

　内部告発は、名義貸しや不正受給の発覚に大きく寄与しましたが、これほど多くの事例が存在することは、監督体制の不備や業界全体の低いコンプライアンス意識に対して大きな課題があることを示しています。

　たとえば、ある事業所では実際に提供していないサービスに対して利用者数を水増しして請求するケースや、他の事業所では資格をもたないスタッフが指導を行っていたという事例も報告されています。

　こうした問題を放置することは、利用者である子どもたちへの適切な支援の提供を妨げられるだけでなく、業界全体の信頼が損なわれる可能性を含んでいます。

## ● 指定取消を受けた場合の影響

　「指定取消」とは、放課後等デイサービスや児童発達支援事業所が行政から受けた指定を取り消される行政処分のことです。

　これは、事業所が受ける処分の中で最も重く、指定取消を受けると、事業の継続ができなくなります。また、報酬請求もできなくなるため、事業運営の継続が実質的に困難になります。

　放課後等デイサービスや児童発達支援事業所が指定取消を受けると、以下のような影響が生じます。

### 1. 事業の継続が不可能

　事業の指定取消を受けると、事業を続けることができなくなり、支援やサービス提供が即時停止されます。これにより、利用者や家族に大きな混乱を招き、地域の福祉サービス全体にも悪影響を与えます。

### 2. 新たな事業所指定の制限（5年間）

　指定取消を受けると、その後5年間は新たに放課後等デイサービスや児童発達支援事業所を開設するための指定を受けることができません。同様の事業を再開することもできなくなるため、事業運営には、重大な制約が課されます。

### 3. 報酬の返還義務

　不正請求があった場合、過去に受け取った報酬の返還が求められ、経済的な打撃を受けます。この返還金の支払いが原因で倒産に至るケースもあり、これは事業運営における大きなリスクとなります。

### 4. 指定取消の公表

　指定取消の事実は、都道府県から公表され、事業所名や違反内容が開示されます。これにより、事業所の社会的な信用や利用者からの信頼も失われ、利用者の減少、新しい利用者の獲得困難、スタッフの離職、採用難といった問題に直面します。

## ● 報酬改訂のポイント

今回の報酬改訂では、以下の点が特に強調されています。

### 1. 発達支援の質の向上

障害のある子どもやその家族に対して質の高い支援を提供するためには、5つの領域（「健康・生活」「運動・感覚」「認知・行動」「言語・コミュニケーション」「人間関係・社会性」）の視点を網羅した総合的でオーダーメイドな支援が基本とされています。

支援内容については、5領域を網羅したアセスメントと個別支援計画等において、それぞれの領域とのつながりを明確にした上で、子ども一人ひとりに合わせた支援を提供することが必要になります。

### 2. 経験年数の要件明確化

加算取得の基準が厳しくなり、職員の経験年数や資格に関する明確な要件が設定されました。これにより、経験豊富な人材がサービス提供に携わっているかどうかを、客観的に判断できる仕組みが整いました。

### 3. 運営基準の強化

事業所の適正運営を確保するため、職員の資格確認や勤務状況の報告などが徹底されるようになりました。

これには、過去の名義貸し問題に対応するための対策が含まれています。たとえば、職員の身分証明書の提示義務や、勤務実績の確認が厳格に求められるようになっています。

### 4. 報酬請求の透明性確保

報酬請求に関する手続きが見直され、利用者数やサービス提供内容に関する実態報告が厳しく監査されるようになりました。

虚偽の報告や、過大請求が発覚した場合のペナルティも明確にされ、事業所に対する返還請求が迅速に行われる仕組みが強化されています。

## ● 現場での影響と変化

私自身、これまで多くの放デイ・児発事業所と関わってきましたが、今回の法改正が現場に与えている影響は非常に大きく、現場での変化も感じられます。

たとえば、事業所を新たに開設する際、人員配置の確認手続きがこれまで以上に厳格化され、職員の身分証明や資格証明の提出が求められるようになりました。

これは、過去に起きた名義貸しなどの不正行為に対する対策の一環であり、適正な運営を維持するために欠かせない取り組みです。

また、報酬請求の手続きでも、以前より詳細な記録が求められ、事業所は一つひとつのサー

ビス内容を正確に記録・報告する責任が生じています。これにより、スタッフにとっては日々の業務に加えて報告書作成やデータ管理などの事務的な負担が増えています。

しかし、この報酬改定により業界全体の透明性が向上し、利用者やその家族に対するサービスの質が確実に向上することが期待されます。

新たな段階を迎えた事業所としては、法令順守を徹底し、スタッフのスキルアップに努めることで、信頼性のある質の高い発達支援を提供することが私たちの役割であると考えます。共に支え合いながら、子どもたちとその家族の未来に貢献できる業界を築き上げていきたいと強く感じています。

## ● 今回の報酬改訂が示す方向性と今後の課題

ここまで報酬改訂のポイントについて解説してきましたが、この報酬改訂だけでは、不正行為の根絶には限界があり、業界全体の意識改革が必要とされています。

業界全体として、サービスの質を高めるとともに、スタッフの倫理観を育み、教育や研修を充実させることが不可欠です。また、行政による継続的な監督と共に、業界全体の自主的なチェック機能や情報共有の仕組みづくりも重要な課題となっています。

さらに、事業所内での倫理教育や不正行為の防止に関する定期的な研修に加え、ケーススタディを用いた実践的なトレーニングやスタッフ同士のコミュニケーションを活性化させる取り組みなど、現場での自主的な実践が求められます。

事業所としては、法令順守を前提に、利用者一人ひとりのニーズに応じた質の高いサービスを提供することが重要です。たとえば、家族と密に連携し、利用者の成長や発達を支える支援プランを構築することで、利用者が安心してサービスを受けられる環境をつくることができます。このような利用者本位の姿勢が、結果として業界全体の信頼性向上につながるのです。

つまり、利用者やその家族が安心できる支援環境を整えることが、業界全体の信頼を築く基盤となります。事業所はこの責任を自覚し、日々のサービス提供において利用者本位の取り組みを徹底していくことが求められています。

# 報酬改訂の具体とポイント

## ◉ 今回の報酬改定おけるＡ社の事例

　繰り返しになりますが、今回の報酬改定は、子どもの発達支援における質の向上と、適正な事業所運営を図る目的で行われました。

　この報酬改定の内容で注目すべき大きな柱として、「基本報酬の支援時間区分と単位数の見直し」と「資格要件と経験年数に応じた報酬単位の差」の２つがあります。

　まず１つ目は、基本報酬の支援時間区分と単位数の見直しです。

　下の図のように支援時間が３つの区分に細分化され、より利用者の実態に即した報酬が支払われるようになりました。

| 報酬改定前 | 報酬改定後 |
|---|---|
| ○基本報酬（時間区分なし）<br>・授業終了後　604単位<br>・学校休業日　721単位 | ○**基本報酬（時間区分あり）**<br>①30分以上-1.5時間以下　574単位<br>②1.5時間以上-３時間以下　609単位<br>③３時間超-５時間以下　666単位<br>※放デイは平日は②まで学校休業には③まで算定可 |

　特に、支援を短時間で提供する事業所にとっては、この改定により収益が大きく減算する可能性があり、事業運営の安定化が求められます。

　２つ目は、資格要件の対象範囲の拡大と５年以上の経験年数に応じた報酬単位の差が設けられたことです。具体的には、児童指導員等加配加算に常勤専従経験５年以上もしくは５年未満で、35単位の報酬単位の差が設けられています。

| 報酬改定前 | 報酬改定後 |
|---|---|
| ○児童指導員等加配加算<br>・理学療法士等　187単位<br>・児童指導員等　123単位<br>・その他の従業員　90単位 | ○児童指導員等加配加算<br>・常勤専従経験５年以上　187単位<br>・常勤専従経験５年未満　152単位<br>・常勤換算経験５年以上　123単位<br>・常勤換算経験５年未満　107単位<br>・その他従業員　90単位 |

　これは、経験豊富な専門家による質の高い支援を促進することが目的です。今後は資格だけでなく、現場で培った経験もより一層重視されるようになります。

　また、専門的支援加算については、報酬改定前では、理学療法士、作業療法士、言語聴覚士などの専門職が事業所に配置されていることで187単位の加算が適用されていました。しかし、

改定後は、専門的支援加算と特別支援加算が統合され、「専門的支援体制加算」と「専門的支援実施加算」が新設され、2段階で評価する仕組みが導入されました。

具体的には、専門的支援体制加算は、理学療法士などの支援が必要な障害児などへの専門的な支援の強化を図るために、基準の人員に加えて常勤換算で1名以上の理学療法士等の専門職員を配置している場合に、123単位が加算されます。

この結果、専門的支援体制加算のみを取得した場合は、従来の187単位と比較して54単位の減少となりました。なお、専門的支援実施加算については次のページでくわしく説明します。

| 報酬改定前 | 報酬改定後 |
|---|---|
| ○専門的支援加算<br>・理学療法士等　187単位<br>・児童指導員等　123単位 | ○**専門的支援体制加算（配置）** 123単位<br>○**専門的支援実施加算（実施）** 150単位<br>※利用回数により実施上限回数がある |

では、報酬改定により、どれくらい影響を受けたのか、弊社の実際の運営状況を基にみていきます。

**弊社の運営状況（平日の場合）**

（地域単位区分10.6の場合）

| | 報酬改定前 | 報酬改定後 |
|---|---|---|
| 基本報酬 | 604 | **574** |
| 児童指導員加配加算 | 187 | **152** |
| 専門的支援体制加算 | 187 | **123** |
| 送迎加算 | 108 | **108** |
| 総単位数 | 1,086 | **957** |
| 総額（円） | 11,512 | **10,144** |

1人当たりの利用料金としては、129単位減となり、1368円減収になっています。

1日定員10名とすると1290単位減となり、13,680円の減収で月間（20営業）だと、273,600円の減収になります。

年間に置き換えると、報酬改定前と報酬改定後では、年間で約328万円の減収になることが予測されています。

ここまでの減収につながった理由として考えられるのは、次の2点です。

1点目の理由として、支援時間区分による基本報酬の減算が影響しています。

私たちの施設では、多くの利用児童が小学生の高学年以上であり、学校終了時間が15時半から16時頃となります。この時間帯から送迎を行い、施設利用を始めると、支援時間の区分は30分以上1.5時間以下に該当するケースが多くなっています。

こうした状況に対して、減収を防ぐために無理に支援時間を延ばそうとすると、児童が自宅に帰る時間が遅くなり、翌日の学校生活に悪影響を与えてしまう可能性があります。そのため、現状ではこの基本報酬を受け入れるしかない状況となっています。

2つ目の理由は、児童指導員等加配加算に必要な経験年数が足りないための減算です。

弊社では、発達障害のあるお子さんへの療育や特性に配慮し、医療の視点をもつ理学療法士、

作業療法士、言語聴覚士、心理担当員などの専門職を積極的に配置しています。しかし、これらの職員の経験年数が5年以上に満たないため、児童指導員等加配加算が減算される結果となりました。

こうした要因が重なり、療育の質を追求してきた弊社にとっても運営上での大きな打撃になっています。この状態では、事業所運営に影響して、最悪の場合、事業廃止の可能性が想定できます。そのため弊社では、専門的支援実施加算を積極的に取得し、事業所運営の安定化につなげています。

では、次に専門的支援実施加算について見ていきます。

## ● 専門的支援体制加算と専門的支援実施加算の概要

2024年の報酬改定により、従来の特別支援加算と専門的体制加算が統合され、障害児に対する支援の質を高めるために新たに「専門的支援体制加算」と「専門的支援実施加算」が設けられました。

専門的支援体制加算は、基準の人員に加えて、理学療法士、作業療法士、言語聴覚士、保育士、児童指導員、心理担当職員、視覚障害児支援担当職員などの専門職を1名以上配置していることが要件となります。保育士や児童指導員の場合は、資格取得または任用から5年以上の児童福祉事業経験があることが求められます。

専門的支援実施加算は、理学療法士等の専門職員該当者が、専門的支援計画書を作成して、お子さんに対して、専門的に支援を実施した場合に評価される加算です。

これらは、事業所における支援体制の充実度や専門職による集中的な支援を評価するための加算であり、理学療法士等の専門職員による支援が必要な障害児への療育・サポート体制を充実させることが目的です。

これまでは、特別支援加算と専門的体制加算の両方を同時に加算取得はできませんでしたが、今回の報酬改定により、専門的支援体制加算と専門的支援実施加算を併せて取得することが可能になりました。専門的体制加算は、理学療法士等の配置に該当者をすることで算定され、一方で実施加算は、配置された理学療法士等が専門的支援計画書に基づき個別もしくは小集団で支援を行うことで算定されます。

これにより、事業所が療育やサポート体制を充実させ、より専門的な支援を提供するほど、その成果が加算に反映される仕組みになりました。

## ● 専門的支援実施加算取得までの3つのSTEP

### STEP① 人員を配置する

算定の要件としては、PT・OT・ST・心理士等の専門職に加えて、児童福祉分野で5年以上経験を有する保育士、児童指導員を1以上配置することになります。また、配置については、単なる配置で差し支えないものとし、指定通所基準の規定により配置すべき従業者や児童指導員等加配加算、専門的支援体制加算で加配している人員でも算定要件を満たします。

## STEP②　アセスメントと専門的支援計画書の作成

　まず始めに、個別支援計画を踏まえ、理学療法士などの専門職が専門性に基づいて、5つの領域のうち特定または複数の領域に重点を置きながら、アセスメントを実施します。

　次に、アセスメントから得られた結果をもとに、専門的支援計画書を作成します。この計画書には、「専門的な支援を行うことで目指すべき達成目標」や「目標を達成するための具体的な支援内容と実施方法」を記載します。

　つまり、お子さんのニーズに応じた専門的支援に必要な項目を記載するとともに、計画的で質の高い専門的支援を提供するための有効な計画にすることが求められています。

　なお、専門的支援実施計画は、個別支援計画を踏まえた上で別途作成する必要があり、事前に対象児の保護者から同意を得ることが必要です。また、児童発達支援管理責任者が欠如している場合には、専門的支援実施加算を算定できません。

## STEP③　支援の実施と算定限度回数

　支援の実施においては以下の3つのポイントを押さえることが大切です。

### ポイント①支援形態

　基本的には個別で実施しますが、子どものニーズに応じて小集団（最大5名程度）で行うことも可能です。

### ポイント②支援時間

　支援時間は、少なくとも30分以上必要になります。

### ポイント③支援記録

　必ず実施した際に記録しておく必要があります。記録内容としては、実施日時、時間、担当者、実施内容と方法、実施した際のお子さんの様子などです。

　次に、専門的支援実施加算の算定限度回数についてです。

　専門的支援実施加算は、月の利用日数に応じて算定限度回数が設定されています。

| 児童発達支援 | ・月利用日数が12日未満の場合 限度回数 4 回<br>・月利用日数が12日以上の場合 限度回数 6 回 |
|---|---|
| 放デイ | ・月利用日数が6日未満の場合　限度回数 2 回<br>・月利用日数が12日未満の場合 限度回数 4 回<br>・月利用日数が12日以上の場合 限度回数 6 回 |

　算定限度日数が設定されている理由としては、加算を過度に取得することを防ぎ、適切な範囲内での支援提供を促すためです。これにより、各事業所は支援計画の実施状況や効果をしっかりと把握しながら、加算を適用することが求められます。

## ● 専門的実施加算を取得すると事業所運営への影響

ここでは、具体的に1ヶ月間にどれくらいの収益につながるか、例をあげて説明します。

（例）専門的支援実施加算（1回150単位）
放課後等デイサービス
契約児童数　30名
算定限度回数　1人当たり月4回の場合（月利用日数12日未満の場合）

（地域単位区分10の場合）

- ・1人当たりの加算単位数　150単位×4回=600単位
- ・1ヶ月間の総加算単位数　600単位×30名=18,000単位
- ・1ヶ月の加算取得金額　　18,000単位×10円＝180,000円

　1ヶ月あたり18万円の収益が見込めることがわかると思います。専門的支援実施加算は、児童の特性に応じた専門的な支援を提供することで、事業所の収益やサービスの質の向上に大きく寄与するものです。適切な専門職員の配置、計画書の作成、そして支援実施に関する記録の作成・更新を怠らずに行うことで、加算を事業所運営に最大限に活用することが可能となります。

　加えて、この加算によって、事業所にとって大きなメリットがもう一つあります。理学療法士等が個別または小集団で質の高い療育を提供することで、専門的で持続可能な療育サービスが実現され、お子さんの成長を通じてご家族の満足度や信頼感へとつながります。

　この信頼が口コミで広がり、結果として利用者の増加に結びつき、好循環が生まれます。利用者が増加することで、事業所の安定した運営基盤が築かれ、さらなる成長が期待できます。

　ここまでで、読者の方もお気づきになりませんでしたか。

　今回の報酬改定では、「こどもまんなか」を基本に据え、子どもの成長を促すために、一生懸命取り組む事業所が評価される仕組みになっています。

　つまり、適切な事業所運営を行い、発達支援の質を追求する事業所には、加算を取得しやすくなるということです。

　こども家庭庁からのこのメッセージを大切に受けとめ、安定した事業所運営を目指すとともに「こどもまんなか」の理念を実現していきましょう。

## ● 質の高い支援を目指して

　2024年の法改正は、放課後等デイサービス（放デイ）業界にとって新たなスタートの機会をもたらしました。これまで業界全体に影を落としてきた不正受給や名義貸しといった問題に対して、今回の改正は厳格な対策を講じています。しかし、この改正の本当の目的は、単に不

正を防ぐだけではなく、「子どもたちの発達支援の質を高める」ことにあります。

　私たちが向き合うべきは、子どもたち一人ひとりがもつ可能性を引き出し、成長を支えるための5つの領域、「健康・生活」「運動・感覚」「認知・行動」「言語・コミュニケーション」「人間関係・社会性」を包括的にサポートすることです（後述）。

　子どもたちの成長には、5領域が相互に深く関わり合っています。そのため、事業所運営の安定だけを追求し、特定の領域の支援に偏るのは放デイの本来の役割とは言えません。

　放デイの役割は、5領域の視点をバランスよく網羅した総合的な支援を提供し、子どもたちの成長を促すことにあります。このような支援を通じて、子どもたちが自らの力で未来を切り開いていける環境を整えることができるのです。

　また、事業所運営において加算取得は不可欠です。今回の報酬改定は、加算を通じて質の高い支援を提供する事業所が評価される仕組みとなっています。これは、こども家庭庁からの「質の高い支援を提供する事業所が未来を支える」というメッセージでもあります。加算を取得しないままでは事業の継続が難しくなり、ひいては子どもたちへの支援も十分に提供できなくなるリスクがあります。

　今こそ、私たち自身が変わり、成長するときです。加算を積極的に取得しながら支援の質を高めていくことが、子どもたちが安心して過ごせる環境につながります。この変化をチャンスと捉え、自らの力を信じて前進していきましょう。業界全体で力を合わせ、子どもたちのために支援体制をさらに充実させることが、未来を明るく照らす一歩となるのです。

# 「放課後等デイサービスガイドライン」の改訂

## ● ガイドラインの意義と変更の概要

こども家庭庁から示された令和6年（2024年7月）の「放課後等デイサービスガイドライン」の改訂は、障害をもつ子どもたちとその家族がよりよい支援を受けられるよう、支援の質と内容を大幅に見直したものです。

この改訂は、「こどもまんなか社会」の実現を目指し、支援の在り方を見直し、障害をもつ子どもたちが自分らしく成長し、地域社会の中で活躍できる環境を整えるための指針となっています。

そもそも、ガイドラインとは、「障害のある子どもやその家族に対して質の高い支援を提供するため、児童発達支援や放課後等デイサービスにおける支援の内容や運営及びこれに関連する事項を定めるもの」です。

平成27年（2015年）4月に策定された「放課後等デイサービスガイドライン」は、当初42ページにわたって支援内容や運営に関する指針を示していました。しかし、今回改訂されたガイドラインは内容が大幅に拡充され、全60ページにわたるものとなりました。

この改定により、放デイや児発の役割と支援内容がさらに明確化され、現場では個別支援計画の充実や効果的な支援方法の実践が一層求められるようになっています。

ここからは、主な6つの変更点をくわしく解説していきます。

（参考：こども家庭審議会障害児支援部会　放課後等デイサービスガイドライン）

## ● ガイドライン変更のポイント

2024年7月に施行されたガイドライン改訂は、放課後等デイサービス（放デイ）や児童発達支援事業のあり方を根本から見直し、業界全体の質を向上させることを目的として行われました。

※6つ目のポイントである「5領域」については、別の項で解説していきます。

### ①　基本理念と「こどもまんなか社会」の推進

従来のガイドラインでは障害児支援に重点が置かれていましたが、今回の改訂では子どものウェルビーイングを重視する視点が取り入れられました。

特に「こどもまんなか社会」の実現が掲げられ、すべての子どもたちが障害の有無にかかわ

らず、自分らしく成長できる環境を整えることが求められています。これにより、事業所は単に支援を提供するだけでなく、子どもたちの幸福と自己実現を支える役割を担うことが期待されています。

また、令和5年12月に閣議決定された「こどもの居場所づくりに関する指針（居場所指針）」も、この基本理念に沿ったものになります。

この指針は、すべての子ども・若者が安全で安心して過ごせる多くの居場所をもちながら、様々な学びや、社会で生き抜く力を得るための多様な体験活動や外遊びの機会を提供することを目的としています。

たとえば、自己肯定感や自己有用感を高める多様な体験を通して、身体的・精神的・社会的に将来にわたって幸せな状態で成長できるような「こどもまんなか」の居場所づくりを実現することが目指されています。

放デイ、児発で働く支援者は、子どもの視点に立ち、その声を丁寧に聴きながら、居場所づくりを進める必要があります。

「こどもの権利条約」や「障害者の権利に関する条約」にも示されているように、子どもたちは意見を表明する権利の主体であり、その意見が年齢や成熟度に応じて適切に考慮されることが求められます。

特に、言語化された意見だけでなく、障害の特性や発達の程度をよく理解したうえで、目の動きや顔の向き、声の出し方といった細かな変化をくみ取り、その思いや願いを丁寧に理解することが重要です。このような姿勢が、子どもたちの「自己肯定感」や「自己有用感」をさらに高めることにつながります。

また、「誰一人取り残さず、抜け落ちることのない支援」を提供するためには、障害のある子どもやその家族だけでなく、地域のすべての子どもたちが、さまざまな居場所や体験の場をもてるようにすることが重要です。そのために、事業所や支援者は、子どもたち一人ひとりの特性や個性を尊重し、彼らが自らの力で未来を切り開けるような機会を積極的に提供することが求められます。

最後に、「こどもまんなか社会」の実現に向けて、私たちが提供する支援は、単なるサービスの提供ではなく、子どもたちの未来への橋渡しとなるものです。支援者一人ひとりが、この理念を心に刻み、子どもたちが自分らしさを発揮しながら、地域社会で豊かに生きていけるよう、真摯に取り組んでいくことが、何よりも求められているのです。

## ② 家族支援の強化とエンパワメント

改訂されたガイドラインでは、子どもの発達を支えるうえで、家族支援の重要性がこれまで以上に強調されています。家族は子どもの成長や発達の基盤であり、子どもが健やかに成長するためには、家族自身のウェルビーイングや支援体制の充実が不可欠です。

このため、家族支援では、家族が子育てに関する悩みや困難を安心して相談できる環境を整え、家族の心理的サポートや必要な情報提供を行うことが求められます。また、家族が子どもの成長に関わる力を高める「エンパワメント」の視点も重視され、事業所と家族が協力して子

どもの支援を進めることが期待されています。

たとえば、家族との信頼関係の構築や、障害の特性に配慮した家庭環境の整備、保護者同士やきょうだい同士の交流の機会提供などが具体的な取り組みとなります。これにより、家族は子どもの成長過程を前向きに捉え、子育てに対する安心感と自信をもって支援に取り組めるようになります。

家族支援の目的は、家族が子どもの成長を支える力を高め、子どもがより充実した生活を送れるようになることです。そのためには、家族とともに歩み、子どもの成長を見守りながらサポートしていく姿勢が不可欠になります。

### ③　合理的配慮の明確化

今回のガイドライン改訂では、合理的配慮の提供がこれまで以上に明確に定義され、事業所における取り組みが強く求められています。従来のガイドラインでは具体的な指針が十分に示されていなかったため、今回の改訂によって子ども一人ひとりの障害特性やニーズに応じた支援がより具体的に求められるようになりました。

合理的配慮とは、障害者権利条約で定められているように、障害を理由とするあらゆる差別の禁止を含む重要な概念です。たとえば、感覚過敏の子どもには静かな環境を整えたり、視覚的な支援を必要とする子どもには適切なサポートを提供したりなど、それぞれの子どもにとって最適な環境を構築することが期待されます。

このため、放課後等デイサービスは、障害のある子どもや保護者との対話を重ね、物理的な環境や意思疎通、施設内のルールなど、何が社会的なバリアとなっているのかを理解することが重要です。

そして、それらのバリアを取り除くために必要な対応を検討し、適切な支援を提供することが求められます。合理的配慮を徹底することで、子どもたちの活動をより豊かにし、その成長を支える環境を整えることが可能となります。

### ④　地域社会への参加とインクルージョンの推進

すべての国民が障害の有無にかかわらず、互いに人格と個性を尊重し合い、共に生きていく共生社会を実現するためには、子どもたちが障害の有無に関わらず、さまざまな遊びや活動の機会を通じて共に過ごし、学び合い、成長していくことが重要です。

今回のガイドライン改訂では、地域社会との連携や他の子どもたちとの交流を積極的に促進する取り組みが強調されています。

放課後等デイサービスは、単に障害児支援を行うだけでなく、子ども施策全体の中での連続性を意識し、子どもの成長と個別のニーズを共に保障する視点をもつことが求められます。

さらに、地域社会におけるインクルージョン（包摂）を推進するため、地域で暮らす他の子どもたちとの交流や、地域イベントや活動への参加を通じて、多様な人々と触れ合いながら成長できる機会を提供することが大切です。

こうした取り組みを進めることで、子どもたちが地域社会で活躍できる環境を整え、共に生

きる力を育むことが可能となります。

　また、事業所は子どもや家族の意向も尊重し、放課後児童クラブ等の一般の子ども施策との併行利用や移行支援を視野に入れながら、地域社会の中で子どもたちが主体的に成長していける環境を整えることが求められます。

## ⑤　関係機関との連携強化

　令和6年版のガイドラインでは、関係機関との連携が一層強調され、その具体的な連携方法や役割について詳細に説明されています。

　これは、平成24年のガイドラインにおいて関係機関との連携が言及されていたものの、その具体性に欠けていた点を補完する内容です。子どもの豊かな成長を保障するためには、事業所や関係機関が連携し、地域全体で一体となって支援を提供することが不可欠です。

　担当者会議などを通じて共通の目標を設定し、子どもや家族の困り感を共有することが大切です。このような協力体制を築くことで、子どもの現在だけでなく、将来の豊かな育ちを支える基盤をつくり上げることにつながります。

　事業所や関係機関が個別に支援するのではなく、連携を通じて、地域全体で子どもたちを支えていく必要があります。

　子どものライフステージに沿って、保健、医療、障害福祉、保育、教育、社会的養護、就労支援などの地域の関係機関や、障害当事者団体を含む関係者が連携し、切れ目のない一貫した支援体制を構築することが、子どもと家族の成長を支える上で重要なポイントとなります。

# 5領域の支援

## ● 発達段階に合わせて支援

　2024年度のガイドライン改訂では、放課後等デイサービスや児童発達支援において、子ども一人ひとりの発達段階や特性に応じた総合的な支援が基本とされています。発達の過程や特性、適応行動の状況、特に配慮が必要な点を丁寧に把握し、理解することが求められます。

　具体的には、本人支援の5領域（「健康・生活」、「運動・感覚」、「認知・行動」、「言語・コミュニケーション」、「人間関係・社会性」）を踏まえたアセスメントを行い、オーダーメイドの支援を組み合わせて提供することが重要になります。

　つまり、事業所は子ども一人ひとりのニーズに基づき、包括的かつ個別的な支援を提供する姿勢が求められています。特定の領域に偏らず、子どもの全体的な発達を支援することが、支援の質の向上につながる大きなポイントとなります。

〈放課後等デイサービスにおける職員の役割と基本的な支援姿勢〉

　今回のガイドラインでは、放課後等デイサービスや児童発達支援で働く方々に対して、放課後児童クラブ運営指針を参考に、「6歳～8歳（小学校低学年）、9歳～10歳（小学校中学年）、11歳～12歳（小学校高学年）」及び「13歳以降（思春期）」の4つの区分に分けて、子どもの発達過程を理解する目安と留意事項が示されています。

　以下に、まとめた対象年齢の区分と支援内容の留意点を示します。

| | 支援の内容の留意事項 |
|---|---|
| おおむね6歳～8歳<br>（小学校低学年） | ・こどもは学校生活で読み書きや計算を習得し、社会的役割を経験することで自己成長を自覚する。<br>　同時に、解決できない課題に直面し、他者との比較や葛藤も経験する。<br>・遊びの楽しさを共有することで集団が形成され、仲間関係や友達関係が生まれることがありますが、気分に左右されるなど幼児的な特徴も残っている。<br>・ものや人への興味が広がり、遊びが多様化し、好奇心が先行して行動することが増える。<br>・大人に見守られながら努力し、課題を達成することで自信を深めていきます。<br>　この時期は大人の評価に依存する傾向が強いです。 |
| おおむね9歳～10歳<br>（小学校中学年） | ・論理的・抽象的思考が始まり、道徳的な判断では動機を考慮するようになり、社会の仕組みも理解し始める。<br>・遊びに必要な身体的技能がさらに発達します。<br>・同年代の仲間と過ごすことを好み、大人に頼らずに活動しようとする。また、他者の視線や評価に敏感になる。<br>・「9、10歳の節」と呼ばれる発達の転換期を迎え、内面的な葛藤が生じる。<br>　この時期に自己の可能性を確信することは発達にとって重要になる。 |
| おおむね11歳～12歳<br>（小学校高学年） | ・学校内外の経験を通じて知識が広がり、自分の得意・不得意を理解するようになる。<br>・日常生活に必要な概念を身につけ、計画性を持って生活できるようになる。<br>・大人からさらに自立し、少人数の仲間と「秘密の世界」を共有することで友情が芽生え、個人的な関係を大切にするようになる。<br>・身体面で第2次性徴が始まり、思春期・青年期の特徴が現れますが、発達には個人差があり、心理的発達が伴わない場合もある。<br>・個々の性的発達段階や性への興味に応じて、心と身体の発育について正しく理解できるよう、性教育の機会を増やすことが大切です。 |
| おおむね13歳以降<br>（思春期） | ・思春期は、こどもが大人への変化に戸惑いを感じる時期で、身体や精神の変化が反抗的な態度として表れることもあります。周囲の大人の対応によっては、情緒面で不安定になる可能性がある。<br>・同じ立場の仲間と共感し合うことで、思春期の危機を乗り越えられることがある。<br>・一方で、同性や同年齢の仲間との間に感じるストレスが劣等感として定着することもある。<br>・思春期前に培われた自己有能感をもとに、仲間との関係も重視しながら、進学や就労といった次のステージへ進む力を育むサポートが求められる。<br>・こどもの性に関する発達段階や関心に応じて、正しい理解と行動ができるよう、性教育の機会を増やすことが重要になる。 |

これらの年齢区分を踏まえ、放課後等デイサービスで働く方々は、子どもたち一人ひとりの発達段階や特性を理解し、適切な支援を提供することが重要です。また、支援内容は、子どもの年齢や発達段階に合わせて、柔軟かつ包括的に設計されるべきです。
　では、次に5領域における支援内容の詳細をみていきます。

## ● 5領域の詳細

### ① 健康・生活

　子どもの心と体の健康を守り、安心して生活できるよう、健康状態の維持・改善をサポートするとともに、睡眠・食事・排泄などの基本的な生活習慣を整え、健康的な生活リズムを確立します。
　さらに、日常生活に必要な食事や衣服の着脱、身の回りを清潔にすることなどの基本的生活スキルの獲得を支援し、子ども自身が生活の困難を理解し、行動や感情を調整しながら、自ら生活を管理できる力を育むことで、より主体的で豊かな生活を送れるよう支援します。

### ② 運動・感覚

　子どもの身体的な動きや感覚処理の特性を理解し、日常生活に必要な基本的な姿勢や動作スキルの向上を支援します。たとえば、バランスが苦手な子どもには体幹トレーニングを取り入れ、触覚に敏感な子どもにはさまざまな素材を使った感覚識別の練習を行います。また、関節の柔軟性や筋力を維持・強化し、歩行器や車椅子を活用して移動能力の向上を図ります。
　さらに、視覚や触覚などの感覚を十分に活用できるよう、遊びを通じて支援し、必要に応じて眼鏡や補聴器、ICT機器（例：コミュニケーションアプリ）を活用します。感覚の偏りがある場合には、音や光の調整など環境を工夫しながら、子どもたちが自信をもって活動できる力を育んでいきます。

### ③　認知・行動

　子どもの注意力や思考力、問題解決能力を育むためには、一人ひとりの認知特性を理解し、それに応じた取り組みを行うことが重要です。まず、視覚、聴覚、触覚などの感覚を活かし、情報を正しく知覚する力を育てます。そのうえで、知覚した情報を認知につなげ、行動を起こす流れをスムーズに進められるよう支援します。また、色や形、空間や時間といった概念を学び、それらを行動の手がかりとして活用できるよう導きます。

　さらに、段階的な練習や成功体験を通じて自信と意欲を引き出し、感覚や認知の偏り、またはコミュニケーションの困難さに起因する行動の問題を予防し、適切に対応します。

### ④　言語・コミュニケーション

　子どもの言葉やコミュニケーション能力を育むため、一人ひとりの特性や発達段階に合わせた支援を行います。簡単な言葉から徐々に複雑な表現を使えるようにし、コミュニケーションカードや指差し、身振り、手話、点字などを活用して意思の伝達を促します。また、相手の意図を理解し、自分の考えを的確に表現できる力を養い、場面に応じた言動や共同注意の獲得を通じて相互作用を深めます。

　さらに、読み書き能力を含む言語の形成と活用を支え、表情や各種機器を活用した多様なコミュニケーション手段を選び取れる力を伸ばすことで、子どもがより豊かな交流を楽しめるよう導きます。

### ⑤　人間関係・社会性

　子どもの愛着形成や情緒の安定、人間関係や社会性の発達を支えるため、一人ひとりの特性に応じた支援を行います。基本的な信頼感を育むことで安心感を確立し、遊びを通じて模倣行動や協同遊びへと発展させながら、他者との関係構築や社会的スキルを伸ばします。また、順番を守る、相手の気持ちを考えるなどのトレーニングを通じて社会的ルールを学び、自己理解や行動調整を通じて仲間づくりや集団への参加を促します。

　これらの活動を通じて、子どもが自信をもって他者と関わり、将来豊かな人間関係を築く力を養います。

### ● 総合的な支援の重要性

　これらの5領域は、それぞれが独立しているわけではなく、相互に深く関係しています。特定の領域だけに注目すると、子どもの全体的な成長を見落とすリスクがあります。たとえば、言語やコミュニケーション領域に課題を抱える子どもの中には、感覚過敏などの感覚や運動領域の問題が原因で、他者とのやりとりが難しくなっているケースがあります。このような場合、感覚の問題に対する支援を行うことで、結果的にコミュニケーション能力が向上することがあります。

　そのため、5つの領域をバランスよく考慮し、アセスメントを通じて子どもの強みや課題を明確に把握することが重要です。

第 2 章

# アセスメントの重要性

# 支援計画をつくるためのアセスメント

## 現場の実際

「ちょっと待って、ケンタくん！」※児童名は仮名です（以下同）。

施設内に響く先生の声。

何が起こったのかと思い、様子を見に行きました。すると、若い先生が、ADHDの特性をもつ子どもが活動している部屋から飛び出そうとするのを必死に止めていました。

先生は戸惑いながらも必死に対応し、子どもはイライラしている様子でした。

こうした場面は、放デイで働く先生にとって珍しいものではありません。

特に新しく採用された先生や、経験の浅い先生が突然このような対応を求められることも少なくありません。

放デイの現場では、専門的な知識を持つ先生が必ずしも十分に配置されているわけではなく、日々の業務の中で支援に必要な「知識や技術」を身につける時間や研修が不足しているのが現状です。そのため、若い先生たちは個々の努力に頼らざるを得ない状況が続いています。

このような状況を解決するために、私たちが働く放デイや児発の現場で必ず身につけることが必要なスキルがあります。

それは、「5領域の視点に基づいたアセスメントスキル」です。

アセスメントとは、一体何なのか、皆さんならどのように説明しますか？

## アセスメントとは

ここからは、ケンタくんの行動を例に「アセスメント」について考えてみましょう。

まず理解しておくべきことは、ケンタくんのような子どもは、一見すると指示を理解しているように見えても、実際には先生が伝えていることをすべて理解できているわけではないという点です。

多くの場合、発達障害を持つ子どもたちの行動は、その特性から起因しているもので、わがままや自己中心的なものではないことを理解する必要があります。

では、放デイの現場では、ケンタくんのような子どもに対して、どのような支援を行うことができるのでしょうか？

そこでまず、その子の行動の理解を深めるために重要になってくるのが、「アセスメント」

になります。

　アセスメントとは、子どもの行動や特性を評価し、適切な支援方法を見つけ出すプロセスです。アセスメントを活用することで、子どもの行動の原因を特定し、効果的な支援を提供することが可能となり、結果として子どもたちとの信頼関係を深めることができます。

　具体的なアセスメント方法としては、ケンタくんが活動室を飛び出す前にどのような状況があったのか、活動中にどの程度集中できていたのか、他の子どもたちとの関わり方に問題があったのかなど、行動の背景を探ることが重要です。

　たとえば、ケンタくんのように「活動している部屋を飛び出す」行動の背景を探るために、以下のような点を確認します。

---

・集団活動や遊びが始まると、最後まで取り組むことができるか
・好きな遊びに夢中になりすぎて、次の活動に移ることが難しいか
・順番待ちでイライラしたり、待てない様子が見られるか
・他の子どもとの関わり方でトラブルが生じやすいか
・自分の思い通りにいかないと、すぐに泣いたり怒ったりすることがあるか

---

　これらの確認は、子どもの特性や行動パターンを理解し、効果的な支援方法を考える際の重要な手がかりとなります。

　ケンタくんのように衝動性が強く、予測できない行動をとる子どもに対しては、活動中の注意を引くための視覚的な手がかりや、落ち着くためのスペースを提供することが効果的です。また、活動中に短い休憩を取り入れることで、集中力を維持しやすくする工夫も有効です。

　アセスメントを基にした具体的な支援方法を導き出すことで、子どもの行動をよい方向に導くことにつながります。

　では、アセスメントについての理解を深めるために、子どもたちの困り感とアセスメントについて具体的に説明していきます。

### ● 実践事例

#### 〈コミュニケーションに不器用さを抱えるケンタくん〉

　ケンタくんは、放デイに通う小学３年生です。ケンタくんは、他の子どもたちと一緒に遊ぶことが大好きで、特にお気に入りのカードゲームの話をみんなにしたくてたまりません。

　ある日、ケンタくんは自由時間に、隣で絵本を読んでいたサクラちゃんに「ねえ、このカード知ってる？　すごく強いんだよ！」と話しかけました。

　しかし、サクラちゃんはそのとき絵本の続きを読みたかったようで、「今は絵本読んでるから、あとでね」と答えました。でも、ケンタくんはその言葉をあまり気にせず、カードの話を続けてしまいました。

　すると、サクラちゃんは少し困った表情を見せ、絵本を閉じてしまいました。その様子を見

ていた先生が「ケンタくん、サクラちゃんは今、絵本を読みたいみたいだね。サクラちゃんが終わったらお話ししてみるのはどうかな？」と声をかけました。

ケンタくんは「そっか、ごめんね」と素直に謝り、その場はおさまりましたが、次の日もまた、他の子が遊んでいるときに自分の話をしたくて話しかけてしまいました。

皆さんも、ケンタくんのように相手の立場で考えることが苦手なお子さんと接したことがある方もいるのではないでしょうか。そのような場面で、どのような声かけや接し方をするのが効果的だと思いますか。

たとえば、「相手が今何をしているのかを見ることも大切だよ」と繰り返し伝える指導をする先生もいるかもしれません。しかし、この方法だけでは十分な解決につながらない場合があります。

相手の立場で考えることが苦手な理由には、脳のネットワークに何らかの障害が関係しているとされるケースが多いのです。そのため、根本的な原因を探るためには、「アセスメント」が重要な役割を果たします。

こちらの図をみてください。

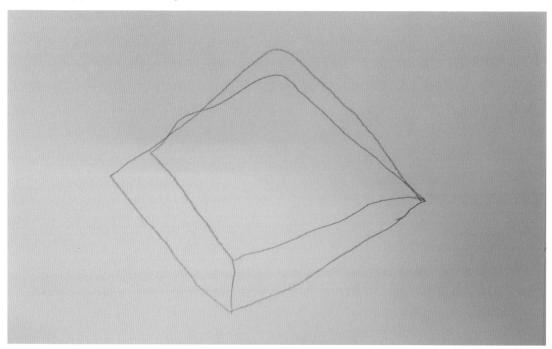

これは、ケンタくんに立方体の手本を見ながら描いてもらった図になります。この課題は、簡易的に視覚認知の発達レベルを確認するアセスメントです。

図からもわかるように、視覚認知機能がやや弱いことが確認されました。この認知機能の弱さの課題は、単に学習面での困難さだけでなく、人間関係にも影響を与えている可能性があります。

たとえば、ケンタくんは、サクラちゃんが嫌がる表情に気づいていない、または見ていないことが行動の背景にあると考えられます。

また、ケンタくんには、他者の視点や感情を理解する力（心の理論）をアセスメントする「サリーとアン」の検査を実施しました。心の理論とは、自分とは異なる他者の視点や意図を理解する能力で、他の人の考えや気持ちが自分のものとはちがうかもしれないことを理解する力を指します。

　「サリーとアン」の検査は物語形式で進み、サリーとアンという登場人物を通じて、他者の視点を理解できるかどうかを確認するものです。心の理論が発達しているお子さんは、サリーの視点を理解して「サリーはかごを探す」と答えます。

　一方、心の理論が未発達なお子さんはボールの位置をそのまま理解し、「サリーは箱を探す」と答えることが多いです。このアセスメントを通じて、他者の立場に立って考える力に課題があるかどうかを確認できます。

　　　　　　　　査結果では、「箱を探す」と答えたため、他者の視点を理解することに難し
　　　　　　　　されました。この行動の背景には、脳の情報処理の偏りやネットワークの
　　　　　　　　可能性があります。
　　　　　　　　を踏まえた場合、果たして口頭指導だけで行動の変化を期待することが適
　　　　　　　アセスメントの重要性を改めて考える必要があるかもしれません。

熱意はきっと子どもに届く。

東洋館出版社

サリーです　　　　　　　　　　アンです
っています　　　　　　　　アンは箱を持っています

のバスケットの

ーは出かけて行きました

ンはサリーの宝物を
自分の箱に移しました

物を取り出して遊ぼうとしています

サリーはどこを探すでしょうか？

## 〈感覚に凸凹があるアキラくん〉

　小学1年生のアキラくんは、新しい環境や初めての活動に対してとても緊張しやすい特徴があります。そのため、外出活動の際には、必ずお気に入りのミニカーをポケットに入れて持ち歩くことが習慣になっています。

　ある日、放デイの活動で公園へ外出することになりました。そのときも、アキラくんはいつものようにミニカーを手に持っていました。先生が「公園で遊ぶときは両手が空いていた方が楽しいよ」と声をかけましたが、アキラくんは「このミニカーがないとダメなんだ!」と手放すことを拒みました。先生は無理にミニカーを預かろうとはせず、そのままアキラくんが持ったまま公園に向かうことにしました。

　その後、公園で遊んでいるとき、アキラくんはミニカーを片手に持ったまま滑り台に乗ろうとしました。すると、先生は「アキラくん、ミニカーを持ったままじゃ危ないから預かるね」と言い、そのままミニカーを取り上げてしまいました。

　突然の対応にアキラくんは驚いた表情を見せ、「やだ!　これがないとダメなんだ!」と泣き出してしまいました。先生は困った様子で「ミニカーがないと遊べないなんておかしいよ。公園では両手を使わないとあぶないよ」と声をかけましたが、アキラくんは不安でその場から動かなくなり、結局公園で遊ぶことができなくなってしまいました。

　アキラくんの行動や特性をより深く理解するため、感覚処理のアセスメントを行いました。発達障害のある子どもには、感覚刺激の受け取り方に大きな個人差があることが多く、それが日常の行動や特性に影響する場合があります。そこで、アキラくんの感覚的な特徴を把握するため、感覚の受け取り方を評価する質問紙（例：感覚プロファイルやJSI-R）や、視覚情報の認識やボディーイメージを確認するための人物画の描画アセスメントを実施しました。

　その結果、アキラくんは、視覚的な情報には非常に敏感に反応する一方で、聴覚的な情報に注意を向けることは苦手な傾向があることがわかりました。

　また、新しい環境や初めての活動に対する不安が非常に高いことが明らかになりました。特に、「視覚」を通じて自分を確認することで安心感を得ていることが示されました。アキラくんにとって、ミニカーは視覚的に自己を確認し、安心感を与える大切なアイテムであり、それを手に持つことで気持ちを落ち着かせていたのです。

　これらのケンタくんとアキラくんの事例から、子どもたちが繰り返す行動やこだわりの背景には、それぞれ異なる理由や困り感があることがわかります。そのため、表面的な行動だけでその原因を理解しようとすると、適切な支援方法を見つけることが難しくなります。

　ケンタくんの場合は、相手の気持ちを理解することが難しい背景には、脳の情報処理の偏りやネットワークの特性、特に視覚の認知の弱さや「心の理論」の発達に課題があることがアセスメントで明らかになりました。また、アキラくんの場合は、感覚刺激への敏感さや視覚的な安心感が、行動の背景にあることがわかりました。

　このように、アセスメントを通じて子どもの特性やニーズを正確に把握することは、行動の背景を理解し、適切な支援方法を見つけるために欠かせません。アセスメントは、子どもたちの困り感を解消し、自信をもって成長できる環境を整えるための基盤となります。

## ● 本当のアセスメントとは

ここまでで、子どもたちにとってアセスメントが必要な理由をご理解いただけたかと思います。ただ、アセスメントの「本当の意味」をさらに深めるために、日常生活でよく経験する「病院を受診する場面」を例に考えてみましょう。

たとえば、お腹が痛くなって病院に行ったとします。医師に「お腹が痛いです」と伝えるだけでは、痛みの原因は特定できません。そこで、医師は「どの部分が痛いのか」「いつから痛いのか」「どんな痛みなのか」など、痛みの場所や強さ、どのような痛みかをくわしく質問してくれます。この時点で、医師は症状の原因を探るための情報収集を行っており、これがアセスメントの始まりです。

次に、医師は必要に応じて検査を行います。たとえば、血液検査では体内の炎症や感染の有無を確認し、レントゲンやエコー検査では内臓の状態をくわしく調べます。こうして、痛みの原因が「風邪」なのか、「腸炎」や「胃潰瘍」などの他の疾患なのかを特定していきます。

このように、診察や検査を通して原因がわかることで、医師はその人に最も適した治療方法を選ぶことができるのです。

この一連の流れは、私たちが子どもたちに対してアセスメントを行う際にも同様です。子どもが何か困難を感じているとき、その原因が何なのかを明確にするためには、ただ表面的な行動を観察するだけでは不十分です。

アセスメントを行うことで、一人ひとりの子どもがどんなことに困っているのか、その原因をしっかりと理解することができます。この過程を経てはじめて、その子に最適なサポート方法を見つけることができるのです。

つまり、アセスメントは、子どもをサポートするための最初で最も大事な一歩なのです。

## ● アセスメントを行わないことのリスク

アセスメントを行わないことで直面する最大のリスクは、子どもの困り感に対して「対処療法」に頼ることになる点です。

対処療法とは、表面的な症状に対処するだけで、根本的な原因を解決しない方法を指します。たとえば、お腹の痛みに対して痛み止めを服用すると一時的に痛みは和らぎますが、原因が「便秘」や「腸や膵臓、肝臓の問題」であれば、痛みは再発します。このように、対処療法はその場しのぎに過ぎず、問題の本当の原因を取り除くわけではありません。

さらに、対処療法を繰り返すことで、症状を一時的に抑えている間に問題が悪化するリスクもあります。

同様に、子どもの行動や症状に対して対処療法的な対応を続けるだけでは、問題の本質を見逃してしまうのです。こうした対応が続くと、子どもにとって誤った学習（誤学習）につながる危険性も高まります。

誤学習とは、子どもが間違った方法や不適切な行動を習得してしまうことを指します。この状態が続くと、誤った理解や行動が習慣化してしまう可能性があります。特に発達障害のある

子どもたちにとって、この誤学習は深刻な問題となる場合があります。

　では、誤学習がどのように生じるかを、「サッカーでボールをうまく蹴れない子ども」の例で考えてみましょう。このような子どもに対して、上手にボールを蹴るために繰り返し練習する指導だけでは、誤った方法が定着してしまうことがあります。その結果、ボールをうまく蹴れないだけでなく、「自分にはできない」と感じることもあります。こうした経験が重なると、正しい方法を学ぶ意欲を失い、自己肯定感の低下にもつながるリスクがあります。

　誤学習が積み重なると、子どもは間違った行動やスキルが当たり前だと思い込んでしまうため、後から正しい方法を学ぶのがさらに難しくなります。このような状況を防ぐためにも、対処療法ではなく、アセスメントを通じて子どもが抱える困り感の本当の原因に目を向けることが重要です。

　ここで注意すべき点は、多くの先生方が「行動観察」と「アセスメント」を混同してしまうことです。

　行動観察は、子どもの行動を客観的に観察し記録するプロセスです。しかし、それだけではなぜその行動が生じているのか、どのような要因が関与しているのかを明確にすることは難しいといえます。

　さきほどのサッカーの場面で子どもがうまくボールを蹴ることができない場合、行動観察では「ボールを蹴ることができない」という事実を記録することはできますが、その背景にある原因や理由までは把握できません。

　一方、アセスメントは、その行動の背景にある原因を特定し、適切に理解することができます。

　たとえば、ボールをうまく蹴れない原因として、足とボールの距離感やタイミングの取り方に課題がある場合があります。また、眼球運動の問題でボールの位置が正確に把握できない、運動の協調性に課題がある場合も考えられます。さらには、心理的な要因として「失敗したらどうしよう」といった不安感や緊張感が原因でうまく蹴れないこともあります。

　このように、困り感の原因は一つではなく、複数の要素が絡み合っていることが多いです。

　もし、アセスメントを行わずに「もっと練習すればうまくなる」と繰り返し指導を続けると、子どもはただ闇雲に練習を重ねるだけで、同じ失敗を繰り返してしまうかもしれません。

　これでは、正しい蹴り方を学ぶどころか、「自分はどうがんばってもできないんだ」と感じ、やる気を失うことにつながります。さらに、周りの大人たちも「がんばっているのに成果が出ない」と感じることが増え、適切なサポートを提供できなくなることが考えられます。こうした誤った学習やサポートが積み重なると、その子自身が「自分は何をやってもダメだ」という自己否定感をもつリスクが高まります。だからこそ、アセスメントをしっかりと行うことが必要なのです。

　アセスメントをしっかりと行い、子どもの困難の本当の原因を把握することで、一時的な対処に終わらない、根本的なサポートが可能になります。これにより、誤学習を防ぎ、正しいスキルや知識を身につける道筋を築くことができます。

## 絶対に避けたい二次障害

発達障害のある子どもたちが適切なサポートを受けられない場合、精神的な問題や社会生活の困難がさらに深刻化する「二次障害」を引き起こすリスクがあります。

二次障害とは、発達障害そのものではなく、それに伴う困難や不適切な対応によって生じる問題を指します。たとえば、発達障害のある子どもが学校生活で繰り返し失敗を経験し、「なぜできないの？」といった周囲からの視線や誤った指導を続けるうちに次第に自信を失い、自己肯定感が低下することがあります。こうした経験が積み重なると、不安障害や抑うつ状態といった精神的な症状が現れたり、人と関わることを避けるようになる可能性があります。

文部科学省のデータによると、通常学級に在籍する子どもの約8.8％が発達障害の特性をもつ可能性があり、支援のあり方によっては、学校生活に困難を感じる子どももいるとされています。

二次障害が進行すると、学校生活だけでなく、将来的な社会参加や自己実現にも影響が及びます。たとえば、社会に出てからも人間関係が築けない、仕事に対する意欲がもてない、といった問題が続く可能性があります。

こうした二次障害を防ぐためには、アセスメントが欠かせません。子どもの困難の原因を理解し、適切なサポートを提供するためには、アセスメントを通じて一人ひとりに合った支援を行うことが重要です。

### アセスメントが大切な理由のまとめ

例：病院受診

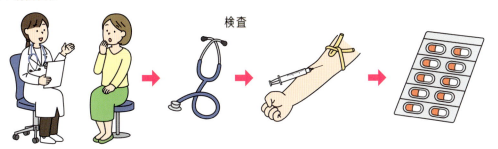

検査

アセスメントは、私たちがお腹が痛いときに病院で原因を特定するために受ける診療や検査と同じです。
お子さん一人ひとりが抱えている困り感の原因を「客観的」に知るために必要な作業になります。アセスメントの作業は、支援のスタートラインです！

第2章　アセスメントの重要性

# よくある間違った対処療法

## ● よくある間違った対処療法の事例

### ① 縄跳びが跳べない子ども

　縄跳びが苦手な子どもに対して、「毎日練習すれば少しずつ上達する」と考え、日々繰り返し練習を続けました。最初は１回、２回と跳べる回数が少しずつ増えたように見えましたが、その後、同じところでつまずいたり、リズムが合わなかったりと、思うようにいかない日が続きました。やがて、子どもは縄跳びを見るだけで避けるような様子を見せ、練習への意欲が徐々に低下していきました。

　このケースでは、「失敗の積み重ね」によって、子どもの「縄跳びができるようになりたい」という意欲が薄れてしまった可能性があります。

　縄跳びの練習は、ただ跳ぶことを繰り返すだけでは上達しにくい場合があります。その理由として、縄跳びには複数の動作を同時に行う必要があるためです。

　たとえば、両手で縄を回す動き、膝を柔らかく使ってジャンプする動きや縄の動きを目で追いながらタイミングを合わせる動きがあります。

　このように多くの動作を組み合わせる必要があるため、「繰り返し跳ぶ」だけではなく、動作を分解して練習する方法が効果的です。

　このケースでは、正しい跳び方が身につかないまま繰り返し練習を続けたことで、結果的に苦手意識が芽生えた可能性があります。適切な練習方法を取り入れることで、成功体験を積み重ね、子どもの自信を育てながら上達を促すことが大切です。

### ② 漢字が書けない子ども

　学校の宿題で、ひらがなを漢字に直す漢字プリントがなかなか進まないお子さんに対して、「たくさん書けば覚えられるかもしれない」と思い、同じ漢字を何度も書かせて覚えさせる指導方法があります。

　しかし、いくら繰り返してもなかなか定着せず、子ども自身も「また同じ漢字を覚えられなかった…」と感じることが増え、次第に「漢字が苦手かも…」と思うようになってしまいました。実際、漢字学習では、ただ繰り返し書くだけの方法が、すべての子どもにとって効果的とは限りません。

　漢字を覚えるには、漢字を思い出す力（想起力）、鉛筆を動かす力（運筆操作）、文字の配置や形をイメージする力など、さまざまなスキルが関わっています。こうしたスキルが身につい

ていないと、ただ書き続ける作業が負担に感じられることで、記憶に残りにくいことがあります。

特に、漢字を思い出す力に課題を抱えているお子さんの場合、繰り返し書くだけの練習がストレスとなり、「また覚えられなかった」という気持ちが積み重なりやすいです。

その結果、自信を失い、漢字に対して「覚えにくいもの」「苦手なもの」と意識するようになる可能性があります。

### ③　お箸を使うことができない子ども

はじめは、お箸を持てない子どもに対して、エジソン箸やしつけ箸など、サポート機能のある箸を使う検討がなされることがあります。

サポート付き箸は、指を特定の位置に固定することで、最初は使いやすく、子どもが食事をスムーズに進めやすくなる利点があります。そのため、最初のステップとしてはサポート付き箸を取り入れるのも一つの方法でしょう。

しかし、ここには見落としがちなこともあります。

こうしたサポート付き箸を使うことで、いったん箸が使えるように見えても、通常の箸に戻したときに「うまくつまめない」「食べ物をこぼしやすい」といった問題が再び現れることも少なくありません。これは、サポート付き箸の使い方が通常の箸の動きと少し異なるからです。

では、なぜサポート付き箸が、正しい箸の使い方を学ぶことに適さない場合があるのでしょうか。エジソン箸やしつけ箸にはリングやサポート部分が付いているため、人差し指と中指が伸びたまま動きが固定されやすく、指先を細かく動かす練習ができる機会が減ってしまうのです。そのため、通常の箸を使う際に必要な「細かな指の動きやコントロール力」が十分に育たず、いざ通常の箸に戻したときに、うまく扱えず困ってしまうことがあります。

通常の箸には、それぞれ異なる役割と動かし方があります。下の箸は、薬指・小指と親指の付け根で支え、ほとんど動きません。一方で、上の箸は鉛筆を軽くもつように人差し指と中指で細かく動かして使います。

こうした動作を身につけるには、練習して指先のコントロールする力を育てていくことが必要になります。もちろん、最初は通常の箸が使いにくく感じるかもしれませんが、指の力や動かし方を練習することで、正しい箸の使い方が身についていきます。

①～③の事例に共通していることは、子どもが何に困っているのかという原因を探らず、大人の経験や価値観に頼りすぎて「繰り返し練習」を中心とした指導方法に偏ってしまったことです。

繰り返し取り組むこと自体は、脳の学習効果を高めるために大切な要素ですが、それは子どもが困っている理由や原因をしっかり見極めた上で行う必要があります。

もし誤った指導が続いてしまうと、子どもにとってそれは「うまくいかない経験の積み重ね」となり、自尊感情や自己肯定感に悪影響を与えてしまうことが考えられます。そして最悪の場合、不安障害や抑うつ状態、さらには不登校といった二次的な問題へとつながるリスクさえあ

るのです。

　だからこそ、ただ表面的な解決方法に頼るのではなく、しっかりと子どもの特性や行動の背景を理解し、その子に合った指導方法を見つけていくことが欠かせません。子どもたち一人ひとりが自分らしく成長し、自信をもって日々を過ごせるよう、私たち大人が支えていくことが大切です。

## ● 正しい対応方法

　アセスメントと行動観察のちがいについて改めて確認しておきましょう。

　行動観察は、子どもの行動をありのまま観察し、その場での様子や反応を記録することが目的です。たとえば、授業中にどのような動きをし、どんな反応を示すのかを観察し、記録します。しかし、この段階では「何が起こっているのか」を表面的に把握しているだけで、行動の原因や背景についてくわしく探っていません。

　一方で、アセスメントは行動観察で得られた情報をもとに、「なぜその行動が起きているのか」を深く考えるプロセスです。

　では、次に、授業中に、ある子どもが何度も手遊びをしている場面を例にとり、アセスメントと行動観察のちがいについて考えてみましょう。

　行動観察では、「授業中に手遊びをしている」という事実を把握することが主な目的です。一方、アセスメントでは、「なぜその子が手遊びをしてしまうのか？」という背景や理由に目を向けます。この場合、その子が周囲の音や光に敏感であるため、集中することが難しいのかもしれません。また、教室の環境が適切でないことや、興味を引く教材が不足していることが原因として考えられます。

　こうしたアセスメントを行うことで、表面的な対応にとどまらず、根本的な原因を理解し、その子どもの特性や状況に合った支援を考えることが可能になります。

　その結果、単に「手遊びをやめさせる」指導を行うだけではなく、集中しやすい環境を整えることや（例：座席の配置を工夫する）興味を引く教材を用意するなどの支援につなげることができるようになります。このように、アセスメントは、子どもの行動の背景を探り、根本的な原因に基づいた適切な対応を導き出すプロセスです。

　さらに、アセスメントにはもう一つ重要な役割があります。それは、誤学習を防ぎ、子どもたちの成長を支えることです。繰り返しになりますが、誤学習とは子どもが間違った方法や不適切な行動を繰り返し習得してしまうことを指します。この状態が続くと、子どもの成長に悪影響を及ぼし、私たちの現場にもさまざまな課題をもたらします。

　子どもにとっては、行動特性が悪化し、二次障害が発生するリスクが高まります。不登校や自尊感情の低下といった心の問題が、成長や将来の生活に重大な影響を与える可能性があります。

　さらに、事業所においても、行動特性の悪化や二次障害の大きな負担となります。対応が難しさが増すことで、スタッフの負担も大きくなり、現場全体での適切な支援が難しくなってしまうという悪循環に陥る恐れがあります。

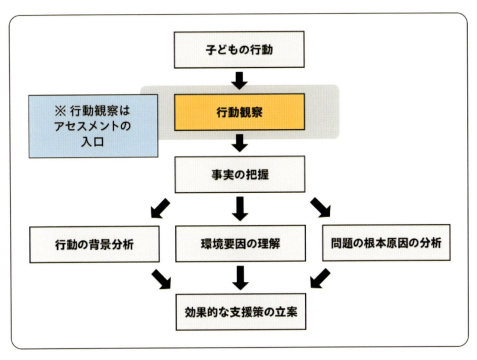

アセスメントのプロセス

　こうした悪循環を防ぐためには、子どもの特性を十分に理解し、それに基づいた適切な支援計画を立てることが欠かせません。

　アセスメントを通して、一人ひとりの子どもに合った支援を考えることで、誤学習や二次障害を未然に防ぎ、現場の負担を軽減していきましょう。さらに、先生方がアセスメントのスキルを身につけることで、子どもたちに「学びと成長の場」を提供し、未来を支える環境づくりにつながると考えます。

(現場の悪循環につながる)

# 個別支援計画の作成と注意点

## ● 個別支援計画の作成と注意点

〈報酬改定で変更になった個別支援計画書の様式〉

利用児氏名：

### 個別支援計画書

作成年月日：　　年　　月　　日

| 利用児及び家族の生活に対する意向 | |
|---|---|
| 総合的な支援の方針 | |

| 長期目標（内容・期間等） | | 支援の標準的な提供時間等（曜日・頻度、時間） |
|---|---|---|
| 短期目標（内容・期間等） | | |

○支援目標及び具体的な支援内容等

| 項　目 | 支援目標（具体的な到達目標） | 支援内容（内容・支援の提供上のポイント・5領域（※）との関連性等） | 達成時期 | 担当者提供機関 | 留意事項（本人の役割を含む） | 優先順位 |
|---|---|---|---|---|---|---|
| | | | | | | |
| | | | | | | |
| | | | | | | |
| | | | | | | |
| | | | | | | |

※5領域の視点「健康・生活」、「運動・感覚」、「認知・行動」、「言語・コミュニケーション」、「人間関係・社会性」

提供する支援内容について、本計画書に基づき説明しました。　　　　　　本計画書に基づき支援の説明を受け、内容に同意しました。

児童発達支援管理責任者氏名：　　　　　　　　　　　　　　年　　月　　日　（保護者署名）　　　　　　　　　　押印廃止

### 個別支援計画別表

参考様式

| 利用児氏名 | | | | | 作成日　　年　　月　　日 | | |

| | 月 | 火 | 水 | 木 | 金 | 土・祝日 | 日・祝日 |
|---|---|---|---|---|---|---|---|
| 提供時間 | 利用開始・終了時間<br>～<br>0時00分 | 利用開始・終了時間<br>～<br>0時00分 | 利用開始・終了時間<br>～<br>0時00分 | 利用開始・終了時間<br>～<br>0時00分 | 利用開始・終了時間<br>～<br>0時00分 | 利用開始・終了時間<br>～<br>0時00分 | 利用開始・終了時間<br>～<br>0時00分 |
| 延長支援時間<br>※延長支援時間は、定員的・支援後それぞれ1時間以上から | 【支援前】延長支援時間<br>～<br>【支援後】延長支援時間<br>～<br>0時00分 | 【支援前】延長支援時間<br>～<br>【支援後】延長支援時間<br>～<br>0時00分 | 【支援前】延長支援時間<br>～<br>【支援後】延長支援時間<br>～<br>0時00分 | 【支援前】延長支援時間<br>～<br>【支援後】延長支援時間<br>～<br>0時00分 | 【支援前】延長支援時間<br>～<br>【支援後】延長支援時間<br>～<br>0時00分 | 【支援前】延長支援時間<br>～<br>【支援後】延長支援時間<br>～<br>0時00分 | 【支援前】延長支援時間<br>～<br>【支援後】延長支援時間<br>～<br>0時00分 |
| 延長を必要とする理由 | | | | | | | |
| 特記事項 | | | | | | | |

左図は、こども家庭庁から示された個別支援計画の様式です。令和6年度報酬改定により、個別支援計画書は従来のA4用紙1枚からA4用紙2枚に増え、記載すべき内容がより詳細に求められるようになりました。

　特に、個別支援計画書において5領域（「健康・生活」「運動・感覚」「認知・行動」「言語・コミュニケーション」「人間関係・社会性」）とのつながりを明確化する点と、提供時間と延長支援時間を明記することは大きな変更点です。個別支援計画書の作成における重要な変更点は次の3つです。

---

・子どもと家族の意思を尊重し、一貫性のある支援計画を作成
・「本人支援・家族支援・移行支援」の3つの視点を必ず記載
・5領域の視点を踏まえた本人支援アセスメントを実施

---

　これらの変更点を踏まえ、個別支援計画書作成の際には、より具体的な記載が求められます。それでは、以下に1つずつ重要な変更点を説明していきます。

### ① 子どもと家族の意思を尊重し、一貫性のある支援計画を作成

　個別支援計画を作成する際には、子どもの成長や将来を見据え、障害の種別や特性、発達段階を丁寧に把握した上で、適切な関わり方を考えることが求められます。また、子どもと保護者の意思を尊重し、子どもにとって最善の利益を最優先に考える視点が重要です。

　「最善の利益を考える」とは、「子どもにとって最もよいことは何か」を慎重に判断することです。ただし、子どもの意見が尊重されるべきと認められても、他の要素と比較した結果、その意見が子どもにとって最善でないと判断される場合もあります。このような際には、子どもが納得できるよう、理由や背景を丁寧に説明することが不可欠になります。

　支援計画は、子ども一人ひとりの状況に応じた柔軟な対応を可能にし、子どもの成長や自立への道筋を照らすものでなければなりません。支援者として、子どもや保護者との信頼関係を大切にしながら、子どもの成長を支える最善のサポートを考えていく姿勢が求められています。

### ② 「本人支援・家族支援・移行支援」の3つの視点を必ず記載

　発達支援の基本である「本人支援」「家族支援」「移行支援」の3つの視点を「支援目標および具体的な支援内容等」に明記することが求められています。

　また、必要に応じて「地域支援・地域連携」（例：医療機関との連携等）も記載し、子どもと家族を中心に包括的な支援を提供する観点から、積極的に取り組むことが望ましいとされています。

・本人支援について

　子どもが将来、日常生活や社会生活を円滑に送れるよう、5領域に基づき支援内容を記載します。ただし、単に領域に当てはめるのではなく、アセスメントを通じて子どもと家族の多角

的なニーズを把握し、総合的な支援計画を立てることが重要です。

　5領域の視点を活用しながら、子どもと家族のニーズを的確に捉え、一人ひとりに合った支援計画を組み立てていきます。これにより、より効果的で個別性の高い支援が可能となります。

・家族支援について

　家族支援は、子どもの成長や発達を支える親子関係や家庭生活を安定させるために欠かせない観点です。支援の具体例として、家族への相談援助、ペアレントトレーニング、リフレッシュの機会提供など、家族全体を支える支援内容になります。

　これらの支援を通して、親子関係や家庭生活の安定・充実を目指します。

・移行支援について

　インクルージョン（地域社会への参加・包摂）を促進するため、支援計画には「移行支援」の視点を取り入れます。支援内容としては、子どもや家族の意向を尊重し、保育所や他の子ども施策との併行利用、同年代の子どもとの仲間づくり、入園・入学などのライフステージの切り替え準備など、将来的な移行に向けた支援を含めます。

　これにより、子どもが地域社会に積極的に参加し、日常生活の中で地域に溶け込める環境づくりを目指します。

・地域支援・地域連携

　地域支援では、子どもと家族を中心に、保健・医療・福祉・教育・労働などの関係機関や障害福祉サービス事業所と連携し、生活や成長を支える包括的な支援を計画書に盛り込みます。

　内容には、保育所や学校との情報共有や環境調整、相談支援事業所や他の障害児支援事業所との生活支援や発達支援に関する連携が含まれます。

　これにより、関係機関との連携を通じて、子どもと家族に対する支援の質を向上させることが可能になり、子どもたちがよりよい環境で成長できる基盤を整えることを目指します。

### ③　本人支援において5領域の視点を踏まえたアセスメントを実施

　本人支援では、従来の個別支援計画と異なり、特定の一つの領域に偏るのではなく、5領域の視点を取り入れたアセスメントが求められています。このアセスメント結果を基に、計画書の作成や具体的な支援内容に反映することが重要になります。

　次に、モデルケースを用いて、5領域のアセスメントがどのように実施されるかを具体的に説明します。

　たとえば、特別支援学校に在籍する小学1年生の男の子のケースを考えてみましょう。このお子さんは自閉スペクトラム症と中等度の知的障害の診断を受けています。生活面では、単語レベルで意志を伝えて、日常生活で繰り返し言われている内容は理解して行動に移すことができますが、遊びは主に一人遊びが中心です。

　また、家庭や放課後等デイサービスにおいて、大声を出したり、物を投げたり壊したり、叩

いたりする行動が見られるという課題を抱えています。

　このような子どもに対して、皆さんは本人支援におけるアセスメントをどのように実施しますか。

　以下の図は、放課後等デイサービスガイドライン（令和6年7月）をもとに、5領域を端的にまとめたものです（緑枠部分）。

| | 健康・生活 | 運動・感覚 | 認知・行動 | 言語・コミュニケーション | 人間関係・社会性 |
|---|---|---|---|---|---|
| 5領域 | ○健康状態の維持・改善<br>○生活習慣や生活リズムの形成<br>○基本的生活スキルの獲得<br>○生活におけるマネジメントスキルの育成 | ○姿勢と運動・動作の基本的技能の向上<br>○姿勢保持と運動・動作の補助的手段の活用<br>○身体の移動能力の向上<br>○保有する感覚の活用<br>○感覚の特性への対応等認知行動　等 | ○認知の特性についての理解と対応<br>○対象や外部環境の適切な認知と適切な行動の習得<br>○行動障害への予防及び対応等 | ○コミュニケーションの基礎的能力の向上<br>○言語の受容と表出<br>○コミュニケーション手段の選択と活用<br>○状況に応じたコミュニケーション　等 | ○情緒の安定<br>○他者との関わり（人間関係）の形成<br>○遊びを通じた社会性の発達<br>○自己の理解と行動の調整<br>○仲間づくりと集団への参加 |
| | 生活習慣の確立 | 感覚処理<br>身体の動き | 認知機能<br>(注意力・思考力・学習) | 言語理解・表現<br>コミュニケーション能力 | 他者との関係構築<br>社会的ルールの理解 |

　今回のモデルケースでは、子どもの「大声を出す」「物を投げる」「物を壊す」「叩く」といった困り行動の改善を目標に設定します。この目標に対して、以下の視点でアセスメントを行います。

○健康・生活面

　睡眠障害がないか、または睡眠環境が整っているかを確認します。健康と生活の安定は発達の基盤であり、日中の活動にも大きく影響する重要な要素です。

○感覚・運動面

　感覚過敏などの感覚特性が見られないかをチェックします。感覚の過敏性は日常生活や感情・情緒に影響を与えるため、特に注目すべき視点です。

○言葉・コミュニケーション

　子どもの言葉の発達を評価します。言葉は他者との意思を伝え合うために必要であり、コミュニケーション能力の土台となります。

○認知面

　子どもの概念理解を確認します。概念の理解は、語彙の増加や適切な表現に結びつき、言葉の発達を支える大切な土台です。

○人間関係・社会性

　子どもに他者への共感性があるかを確認します。共感性は周囲との関係を築き、社会生活を送るための大切な基盤です。

　このようにして、表面的な行動の背景にある課題を深く理解し、それに基づいた適切な支援計画を立てることができます。そのためにも、5領域の支援を踏まえたアセスメントが、子どもの成長と生活の質を向上させる重要な役割を果たします。

## ● 個別支援計画書の作成における注意点

### ① 本人支援の記入における注意点

・5領域の視点を持ち、子どもと家族のニーズを踏まえた総合的なアセスメントを行う
・5領域との関連性については、5つの領域全てが関連付けられるよう記載すること
・5領域は、相互に関連する部分、重なる部分もあると考えられるため、5つの欄を設けて、それぞれで異なる目標や内容　を設定する必要はない
・「いつ、どこで、誰が、どのように、どのくらい」支援するかを具体的に記載する

　これにより、支援計画が子ども一人ひとりの特性やニーズにしっかりと寄り添い、総合的かつ具体的な支援を提供できるものとなります。支援の効果を高め、子どもが安心して成長できる環境づくりにつながります。

### ② 家族支援と移行支援、地域支援・地域連携の記入における注意点

・家族支援：必ず記載し、家族全体をサポートするための内容を含める
・移行支援：保育所や放課後児童クラブへの移行準備、地域の子どもたちとの交流などを
　　　　　　含め、包括的に支援内容を記載する
・地域支援：地域での子どもと家族の生活を支援するため、関係者との連携を強化し、必
　　　　　　要に応じて記載する

　家族支援、移行支援、地域支援・地域連携については、子どもと家族が安心して生活を送るために、各支援を総合的に考慮し、計画書に反映することが重要です。これにより、家族へのサポートや地域社会でのつながりが強化され、子どもの成長と生活の質が向上します。

### ③ その他の注意点

・利用児及び家族の生活に対する意向
面談などを通して、子ども本人や家族の意向を聴いた上で、家族より得た情報や子どもの発達段階や特性等を踏まえて、整理して記載する
・総合的な支援の方針
1年間を目途に、子どもや家族、関係者が共通の課題認識と支援の見通しをもてるよう、事業所としての支援方針を記載する。これには、障害児支援利用計画や担当者会議で求められる事業所の役割、家庭や保育所・学校での生活や成長の視点、保育所等の併行利用や同年代との仲間づくりなどの地域社会への参加（インクルージョン）の視点、そしてモニタリング結果に基づくPDCAサイクルによる継続的な支援の提供を含めることが必要にな

る

・目標の期間の設定方法

長期目標では、総合的な支援の方針で掲げた内容を踏まえ、1年程度で目指す目標を設定する。短期目標では、長期目標で掲げた内容を踏まえ、6か月程度で目指す目標を設定して記載する

　利用児と家族の意向を反映した支援方針や目標設定の期間について整理します。これにより、子どもと家族のニーズに応じた一貫性のある支援計画が作成され、関係者全体で共有できる支援の見通しが確立されます。

　ここまでをまとめると、令和6年度の報酬改定に伴い、5領域を軸にした支援の重要性がより明確になりました。この視点は、子どもたちが自分らしい生活を送り、成長を実感するために欠かせません。私たち支援者が、5領域のアセスメントを行い、個々のニーズに応じた支援計画を組み立てることで、子どもたちの可能性を最大限に引き出すことができます。

　支援計画書の作成は、子どもたちの未来を支える大切なプロセスです。「この子にどう寄り添えるか」という思いを込めて計画を作成することで、日々の支援が子どもの成長に確かな力を与えるものとなります。支援者一人ひとりの工夫や努力が、子どもたちの輝く未来につながっていることを信じて、努めていきましょう。

第2章　アセスメントの重要性

# co-miiを開発したねらい

## ● AIセラピスト co-miiとは

　私たち（株式会社ヴィリングと株式会社みやと）が開発したAIセラピストco-mii（コミー）は、放課後等デイサービスや児童発達支援事業所向けに開発された革新的なシステムです。このAIシステムは、子どもの発達特性を診断し、個別支援計画書を自動作成し、適切な療育メニューを提案します。7つの分野にわたる診断テストを通じて、各児童の特性を分析し、550種類以上の療育メニューから最適なものを選択します。これにより、支援の質を向上させつつ、個別支援計画書の作成時間を大幅に短縮し、効率的で効果的な療育サービスの提供を可能にします。本書の3章からは、そこで生まれた療育メニューから厳選してお伝えしています。

## ● 社員教育の難しさ

co-miiを開発した理由は以下のものです。

> ①利用児一人ひとりに合った課題設定をして療育現場の質を上げたい
> ②現場の最低限のスキルを担保し、担当者レベルで生まれる療育のムラをなくしたい
> 　（スタッフ教育にかかる時間をできるだけ短縮したい）
> ③書類作成に時間を取られるのではなく、子どもたちと向き合う時間を確保したい

　そこで、「デジタルを活用することで現場の困り感は解決されて、スピード感をもって療育現場の質を高められる」と考えました。

　教育の難しさを痛感したのは、株式会社みやとの代表（岩切貴徳）が発起人となって2018年に立ち上げた『福岡療育協会』でのことです。

　私は、その中でセラピスト部会の部会長を務め、セラピスト向けの研修を担当してきました。毎月1回は部会を通じて、特にアセスメントに重点をおいて、1年以上かけて研修を進めてきました。しかし、先日行われた症例発表では、アセスメントが行動観察の範囲に留まり、十分な深さに達していないことが明らかになりました。

　参加者は自発的に部会に参加しており、意欲的な姿勢をもっていることは間違いありません。それでも、アセスメントの技術をしっかりと身につけるには時間がかかるという現実を再認識させられました。

　これは社内においても同様のことが言え、意欲的な人であっても習得には時間がかかります。ましてや、脳科学になじみのない保育士や児童指導員を教育するとなると、相当な時間がかかってしまいます。もちろん、私の教育指導スキルに問題があることは否定しませんが、働くスタッフの意欲によっても差が出てしまう事実もまた否定はしません。

　スタッフ教育を行っていく中で一つ気づいたことがあります。それは「学ぶ意欲がある人は、どんな環境や状況でも学び続けますが、逆に学ぶ意欲がなければ、どんな環境・状況であっても学ばない」ということです。

　そして、学ぶ人は理論から結論を導き出すボトムアップ式で教育しても、結論（答え）を先に出してそこからトップダウン式に理論を教育しても、差がなく学べることにも気づきました。

　co-miiは、初心者の方が使用しても、診断結果やそれに紐づいた課題がすぐに提示される仕組みになっています。しかし、学ぶ意欲がある人は、どんな環境や状況であれ学ぼうとするので、co-miiは結論からトップダウン式に紐解きをする形態の教育材料として活用できると自負しています。実際、私はそのようにしてスタッフの教育に活用していますが、一度たりとも問題を感じたことはありません。

　一般的な講習や研修もたしかに必要かもしれません。しかし、後にも述べますが、スタッフが育つことを何年も待つということは経営上難しいことだと思います。

　さらに人は学んでいく段階で得意分野、不得意分野が生まれ、偏った見方が生じる可能性もあります。その点、co-miiのようなデジタルによるアセスメントは偏った見方がなく、客観的な診断を取ることが可能なので、スタッフ育成のための教材としては適しているのではないかとも考えます。

### ● アセスメントを学ぶ

　発達障害児の療育を行うに当たってアセスメントは必須です。その重要性に関しては先でも触れている通りです。しかし、初めからアセスメントが行えるスタッフが会社に入職してくる可能性はとても低く、スタッフ教育を行わなければならないのです。

特に、発達障害における脳機能面の理解を深め、アセスメントを正しく実施できる人材は非常に貴重です。

なぜ、脳の機能面の理解が必要かというと、発達障害は、医療界、厚生労働省及びこども家庭庁においても「脳のネットワーク機能の障害」と定義づけられているからです。にも関わらず、発達障害における脳機能の知識を勉強する機会は、学生時代を含め、ほとんどないことが実態です。そのため、入職してきたスタッフの教育を一から行うことは必然的なことだと言えます。

アセスメントスキルを教育していくうえで、もちろん理解度は人によって左右されますが、セラピストでも早い人で半年、保育士や児童指導員の遅い人になると2〜3年かかり、現場で療育者として独り立ちできるようになります。セラピストであっても、国家資格を取得する以前の学生時代に発達障害を専門に勉強してきた人は非常に少ないということです。これは、養成校で発達障害に関するカリキュラムが十分に組まれていないためです。

その結果、特に整形外科や高齢者介護を中心とした分野からこの業界に入ってきたセラピストには、運動療育や特定の領域に偏った療育を進めようとする傾向があります。運動療育を否定するわけではありませんが、発達障害の療育において、運動療育など特定の領域に偏ってしまうと、十分な成果を得ることが難しくなります。

この点は、こども家庭庁が示した報酬改定の理由やガイドラインにも明記されており、5領域の視点を取り入れて、発達支援の質を高めることが求められています。また、「放デイや児発の現場では、運動や音楽だけに特化してほしくない」という言葉は、私がこども家庭庁に直接伺った際に確認したものです。

脳科学や認知神経学に関するカリキュラムが十分でない保育士や児童指導員にとっては、アセスメントを理解することに2〜3年かかってしまうことは致し方ないこととも思えますが、民間企業は経済的な利益を上げなければ会社の存続はできず、また、目の前に利用児がいる以上、療育の成果は上げたいものです。だからといって独り立ちできるようになってから現場に出てもらうわけにもいきません。ここに大きなジレンマが存在しています。多くの放デイ・児発の経営者は共感するのではないかと思います。

## ● 業務効率をアップし、子どもに関わる時間を増やす

弊社でもそうですが、放デイ・児発を運営する大半の会社が教育と業務効率を考えると思います。そのため、教育をしながら現場をこなしていく作業になります。アセスメントができない方は、熟練したスタッフに尋ねながら療育を担当することになりますが、利用児の成果を考えると芳しい結果は出にくいです。そうなると、利用児保護者からの評価も気になるところです。

少し話はそれますが、幸いなことに放デイ・児発はほとんどが公費で賄われるため、保護者負担は少なくて済みます。それゆえに保護者は、事業者に対して厳しい評価をしない傾向にあります。

それに胡坐をかいてしまっている事業者も少なくない事実があります。ここに日本の福祉業

界が伸び悩む原因があるのではないかと個人的にはそう推量します。

　話は児発管の計画書作成に移ります。基本的に個別支援計画書は児発管が作成していると思います。ただ、本当に個別に密な計画書を作成しようとすれば相当な時間がかかります。

　残業が問題視されるようになっている昨今では、できるだけ業務時間内に作成することが会社から求められ、そうなると余計に児発管は書類作成の時間に追われます。さらに保護者面談や担当者会議の出席等、児発管の現場に出て利用児を見る時間は削られる一方です。

　そこで、今回の報酬改定――。

　一体いつ利用児と関わって、いつ個別支援計画書をつくればいいのでしょうか。先述したように、アセスメントは一朝一夕で身につくものではありません。どんなに学ぶ意欲があっても、教育してくれる機関もなければ時間もありません。児発管の現状は非常に厳しいです。co-miiはそういった児発管の救世主にもなり得ると感じています。

## ● 療育メニューの厳選

　アセスメントが取れ、個別支援計画書ができたとしても、今度はアセスメント結果に応じた課題の設定が必要になってきます。

　たとえば「塗り絵」が線の枠に合わせてできないお子さんに対して、「塗り絵」をさせてしまうと、間違った対症療法でしかありません。アセスメントがしっかり取れていれば、できない原因を突き止めることができるので、それに合わせて課題設定をすれば済みます。

　しかし、この課題設定が難しい。どのレベルのお子さんに、どのような課題が適しているかを判断するためには、ここでも脳科学や認知神経学の知識が不可欠です。課題のレベルが簡単すぎる場合にはお子さんが飽きてしまい、逆に難しすぎると、連続して失敗を経験することで自己否定につながる可能性があります。さらに、これが二次障害につながるリスクも考えられます。

　巷には療育課題集なるものが溢れています。ただ、個別の診断に合わせた課題設定ができないことが事実です。なぜなら、課題集をつくった側はただ単につくっただけだからです。

　結局、現場スタッフが課題を厳選しなければならないし、知識がなければ相応しい課題を選ぶこともできません。ここにも教育の難しさがあります。

　弊社においてもこれは重要な問題です。アセスメントの教育はできたとしても、そこからまた課題選択は新たな教育が必要です。どこの放デイ・児発事業所のスタッフも頭を悩ませることだと思います。空き時間にいろんな教材づくりをして、その中には何日もかけて教材をつくったとしても現場で使ってみると利用児がまったく興味を示さなかったり、全然レベルが合っていなかったりと、心折れることもあるかと思います。

　スタッフの心が折れて、療育に意欲がなくなってしまっては本末転倒です。

　私としては、これも防ぎたかったのです。スタッフが課題選定の壁に当たり、外出ばかり…イベントばかり…こういった現場になってほしくありません。利用児を預かる以上は、何とか成果を出し続けたい。そういう想いゆえに、co-miiでは課題設定までできるようにして、スタ

ッフの困り事も解決したいと考えたのです。

## ● 効果検証ができる

　co-miiでは、どういった診断結果で、お子さんにどういった課題があり、どのような結果となったかが半年後・1年後のモニタリングで集積できます。

　それにより、月日が流れれば流れるほど、co-mii利用児が増えれば増えるほど、データ量は増え、より効率的な課題設定ができるようになります。今の日本において、発達障害の診断や課題設定を正確に行うことは困難です。正確に行うためには、脳波データや遺伝子情報などが必要と思われますが、そのようなデータを利用児の保護者や主治医からいただいたことは一度もありません。これは、全国どの事業所においても同じでしょう。

　co-miiも完璧ではないため、100％正しい診断ができているかと問われれば、「はい」とは正直言えません。ただ、現在出されている論文や文献を集積してアルゴリズムをつくったので、「きわめて正確」とは言えます。またそれに紐づけた課題に至っては利用児の個人差があるため、これまた100％とは言えません。ゆえにデータの集積が必要だと思っています。集積することによって課題の検証ができ、数年後には今以上の課題設定がco-mii内でできることは確実と言えるでしょう。それにより、利用児の成長につながればこれ以上の報酬はありません。

　こども家庭庁にco-miiを見ていただいた際、「このようなアセスメントが業界の共通言語となってくれれば…」「co-miiをもっと業界に広めてください」との話をいただきました。もちろん、省としての推奨や推薦をもらったわけではありませんが、この言葉が非常に有難かったことは言うまでもありません。

　アセスメントに始まり、診断結果、診断に合わせた課題選択、そして課題の効果検証と、これらco-miiの機能が、発達障害児やその保護者の生活の一部となり、生活改善へと一役買える存在になると共に、co-miiを利用してくれる事業者の利益にも直結してくれれば、これ以上の意義はありません。

　開発に時間・労力・費用とかかりましたが、やっぱり一番は「子どもたち（発達障害児）のために」です。

第 3 章

# 療育メニュー50

# 療育メニューの見方

## 教材の魅力

　今回ご紹介するのは、AIセラピストco-miiの約550種類の教材から厳選した、特に効果の高い50個の療育教材です。この教材は、「健康・生活」「感覚・運動」「言語・コミュニケーション」「認知・行動」「人間関係・社会性」の5領域に対応しており、最新の報酬改定に基づいた支援プログラムとして構成されています。

　すべて実際の現場で使用され、その効果が確認された信頼性の高い教材です。さらに、身近な素材を使って手軽に作成できる内容が中心で、特別な道具や高いコストは必要ありません。必要な教材は以下のQRコードを読み取ることで簡単にダウンロード・活用できるため、忙しい現場でもすぐに取り入れることが可能です。

　また、個々の教材には明確な目的や具体的な使い方が記載されており、現場の支援にすぐ役立つよう工夫されています。

　本教材は、専門的支援実施加算を取得するための個別療育としても活用可能で、日常の児発や放デイ現場で行われる小集団・大集団活動にも柔軟に適応できる内容となっています。

　co-miiの教材は、お子さん一人ひとりの特性や困り感に対応する課題を提案し、脳の特定の機能を活性化させ、必要な基礎能力を段階的に育むことを目的としています。この目的を実現するため、「子どもが活動に合わせるのではなく、活動を子どもに合わせる」という考え方を大切にしています。

　この視点を基に、お子さんにそれぞれの成長ペースに合わせた活用方法を取り入れていただければと思います。また、この教材は現場の先生たちが自信をもって取り組めるよう、効果と実用性を重視して工夫されています。日々の支援の中で、この教材が子どもたちの発達を支える重要な一歩となることを願っています。

〈ダウンロード方法について〉
○以下のURLより、『放課後等デイサービス　5領域に対応　療育トレーニング50』をお選びいただき、ダウンロードしてください。右の二次元コードも利用できます。
https://toyokan-publishing.jp/download/

〈使用上の注意点〉
○著作権について
・収録されているファイルは著作権法によって守られています。
・著作権法での例外規定を除き、無断で複製することは法律で禁じられています。
・収録されているファイルは、営利目的であるか否かにかかわらず、第三者への譲渡、貸与、販売、頒布、インターネット上での公開等を禁じます。
・ただし、購入者が授業や支援活動において、必要枚数を児童に配布する場合は、この限りではありません。ご使用の際、クレジットの表示や個別の使用許諾申請、使用料等の必要はありません。
○免責事項
・収録ファイルの使用によって生じた損害、障害、被害、その他いかなる事態についても弊社は一切の責任をおいかねます。
○お問い合わせについて
・お問い合わせは、次のメールアドレスでのみ受け付けます。
tyk@toyokan.co.jp
・パソコンやアプリケーションソフトの操作方法については、各製造元にお問い合わせください。

## 療育メニューの見方

**ねらい**
日々の活動について、ご家族に説明する際にも役立つ内容となっています

**領域アイコン**
教材を5領域に分けて表示しています

### スライムから宝さがし

**ねらい**
スライムの柔らかく、ぬめりのある質感を通じて、「ぐにょぐにょした感触」を体験しながら、目標物を探索し識別する能力を育みます。この活動は、指先の器用な動きと触覚的な識別力を向上させ、つまむ力の調整を促します。

**目的**
・手先の感覚識別の向上
・指先でつまむ力の向上
・感覚遊び（視覚、触覚遊び）

**事前準備**
・対象人数：1人～複数人
・目安時間：15分
・準備物　：100円ショップで購入できるおはじき・ビーズ・スライムなど

**目的**
つまずきや困難の原因と考えられる部分について、脳機能の視点から発達を支援できる力の要素を示しています

**事前準備**
必要な教材や、活動に適した人数、時間を示しています

**進め方**
子どもの特性に合った方法で活用できるよう、サポートのポイントもあわせて紹介しています

**進め方**
① スライムの準備
　スライムの中におはじきを数個入れます。全体をよく混ぜて、おはじきが見えなくなるようにします。
② 準備したスライムを子どもに渡します。
③ スライムの中から指先を使っておはじきを探します。見つけたおはじきを取り出せたら成功です。

**予測されること**
・スライムの感触を嫌がる子どもの場合は、無理に触れさせません。
　まずは大人が楽しそうに触れる様子を見せることから始めましょう。子どもが少しずつ関心を示したら、優しく触れることを促します。また、遊び終わったら、手をしっかり洗いましょう。
・スライムやおはじきを口に入れないよう注意してください。

**アレンジ（難易度アップ！）**
・目隠しをしたまま、スライムの中からビーズなど探すとより感覚識別の力を育むことができます。

**予測されること**
教材を使用する際に、予測される子どもの反応や対応方法、注意すべき点を記載しています

**アレンジ（難易度アップ！）**
子どもの達成度に応じて、道具や活動に工夫を加え、難易度を高める方法を示しています

# 生活習慣の大切さ

### 生活習慣の大切さ

規則正しい生活のために「早寝・早起き・朝ごはん」が大切と聞いたことがある方もいると思います。毎日の生活リズムを整えることはとても大切です。

子どもたちの行動は生活リズムに左右されることが多く、また、私たちの行動を司る脳の発達の過程においても、欠かせないポイントになります。

脳科学の研究では、生まれた日から死ぬまで、脳内では神経ネットワークが絶えずつくられ続けていることがわかっています。そのため、現状で生活リズムが崩れている場合でも、これからお伝えするポイントを参考にしながら生活リズムを改善することで、脳は新たにつくり直され、将来に必要となる基礎の力を身につけることが期待されます。

▶ **ポイント①　十分な睡眠**

睡眠とは、ノンレム睡眠やレム睡眠が2つの種類があります。レム睡眠は「身体は眠っているのに脳は活動している状態」で、ノンレム睡眠は「脳の深い部分が休んでいる状態」です。

下図が示すようにノンレム睡眠（約30分）とレム睡眠（約60分）の周期を4～5回繰り返すのが十分な睡眠と言われています。

レム睡眠時には、「翌日にすっきりした脳（記憶の整理）」、ノンレム睡眠時には「脳や体の疲労を回復させる・成長ホルモンの分泌・セロトニンの分泌」の役割があります。小学生の場合は、遅くとも22時までにはベッドに入ることを推奨しています。十分な睡眠が取れていると、成長ホルモンが盛んに分泌され、脳内の神経ネットワークがつくられていきます（情報の整理や定着など）。

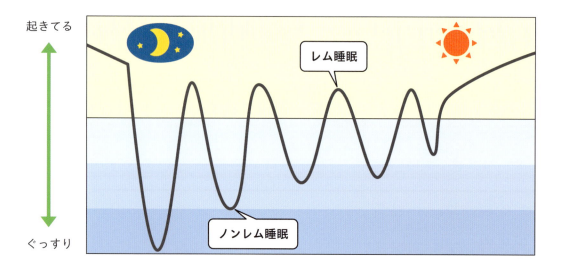

▶ **ポイント②　朝日を浴びる**

人の体内時計は、地球の自転周期である24時間に対して少し長い時間（最近の研究では、人の体内時計は平均で24時間以上）に設定されており、少しズレがあります。昼夜逆転は、この少しのズレが積み重なった状態です。このズレを調整するために、私たちの体には体内時計をリセットする機能が備わっています。

この機能を発揮させるために、朝起きたら太陽の光を浴びて、朝であることを脳に知らせるとよいとされています。

### ポイント③　規則正しい時間の食事

朝ごはんをしっかり食べることで体内時計が刺激され、臓器や脳が動き出します。朝起きて食欲がない場合は、十分な睡眠が取れていないことが考えられます。毎日繰り返し続けることでできるようになります。

ポイント①〜③に加えて、日々の運動をすることが重要とされています。これは、朝日を浴びることと同様に、運動によって脳内のセロトニンが分泌されます。セロトニンは、幸せホルモンと呼ばれる脳内で働く神経伝達物質の一つで、体や心を安定させる役割があります。また、セロトニンは、睡眠ホルモンのメラトニンの原料となるため、日中にしっかりと運動することで、睡眠リズムが整えられることにつながります。

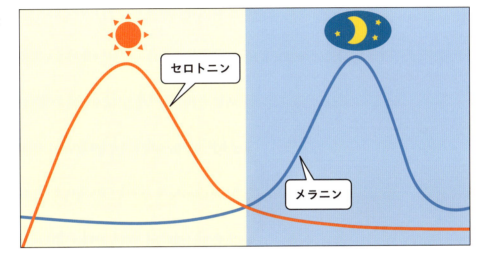

### Q & A

Q1：ゲームやテレビは寝る何時間前にやめるべき？
A1：遅くても寝る1時間前といわれています。これは、テレビやゲーム、スマホからでる強い光を受けると、メラトニンの分泌が減ってしまうためです。

Q2：なかなか寝付けません。何から始めたらいいですか。
A2：まずは、早起きから始めることをご提案します。早起きから始めると、自然と寝る時刻は早くなります。ご家庭の生活習慣によりますが、毎朝7時前から起こすことから始めましょう。ポイントは、「お昼寝は1時間未満」「夕方は寝かせない」「諦めずに1週間は続ける」ことです。また、部屋を暗くする、静かにするなど眠るための環境を整えることも大切になります。

Q3：お風呂は何時に入るべき？
A3：眠くなるのは、副交感神経の働きが優位になるからです。そのため、寝る直前にお風呂に入り、体が温まることで交感神経が優位になるため、夕食前にお風呂に入ることをお勧めします。

Q4：小学生はどれくらい睡眠時間を確保することが理想？
A4：6〜12歳のお子さんが最適な健康を保つためには9〜12時間眠るべきと言われてます。

Q5：上記の方法を続けているのですが、全然、睡眠リズムが整わないです
A5：一度、小児科や睡眠専門の医師に相談されるといいです。

# 二次障害を予防する

## 二次障害を理解する

発達障害の二次障害は、お子さんに合ったサポートが受けられない環境、自分の特性に合わない環境などの影響により、強いストレスや周囲との不適応が生じると、精神疾患の併発や、社会生活を難しくする問題行動につながることがあります。

二次障害は、医学的な専門用語ではなく、発達障害のあるお子さんの支援にあたる福祉、医療関係者の実践の中で、広く使われている用語です。

## 二次障害が起こる原因

二次障害が起きる主な原因として考えられていることは、発達障害の特性による社会適応や学習の困難さが引き金となり、積み重なる失敗体験やお子さんを取り巻く環境（学校等）からの不適切な対応を受けるなどの悪循環なサイクルが続くことが一つの原因になると言われています。

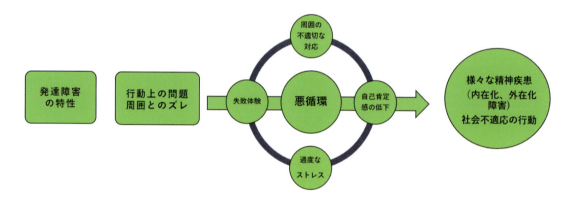

ただし、発達障害があるからといって必ずしも「二次障害」が起きるわけではありません。周囲の適切な理解や支援、また自己理解に基づく対処方法の工夫により、発達障害から起きる生きづらさを軽減することで、二次障害の発症を予防できると言われています。

## 二次障害の種類、症状

発達障害の二次障害と呼ばれる疾患や症状は、大きく分けて「内在化障害」と「外在化障害」の2つがあります。内在化障害とは「自分自身に対するいらだちや精神的な葛藤が自分に向けて表現される症状」のことを指します。これは、自分自身の心身に大きく影響を及ぼす精神疾患や症状で、以下のような症状が挙げられます。

うつ病、適応障害、不登校

摂食障害、心身症

強迫性障害

睡眠障害

外在化障害とは「自分自身に対する精神的葛藤を他者に向けられる形で表出する問題行動」のことを指します。外在化障害は、内在化障害と併せて起きる可能性もあります。外在化障害では、以下のような症状が挙げられます。暴力、暴言、家出、他者に対する敵意、反抗挑戦性障害、行為障害、感情不安定、自傷行為、非行などの反社会的行動など

## 二次障害への予防する

二次障害は、周囲の環境や対人関係によって引き起こされることが多いため、症状に応じた治療が重要であるとされています。主な治療方法としては、薬物療法や認知行動療法、家族療法が挙げられます。医療機関や支援機関などを利用し、専門家によるサポートを受けながら環境調整や自分自身で日常生活における対処法を学んでいきます。また、以下の3つが、二次障害を予防するために大切なことになります。

### ① 生活リズムを整える

しっかりとした生活リズムを整えることで精神疾患などの二次障害を防ぐことにつながると言われています。
生活リズムを整える方法については、「生活習慣の大切さ」の教材を参考にして下さい。

### ② 適度に休む

発達障害の特性を抱えながらも、自分のやりたいことを過剰に我慢し、無理に周囲に合わせてがんばり過ぎてしまい、過度にストレスを溜めてしまうことがあります。そのため、日々の生活の中でリフレッシュやリラックスする時間を確保することがよいと言われています。また、学校への登校しぶりはお子さんのSOSとして捉えて対応していきます。
学校への登校するしないかを本人に意志確認をするのではなく、「どうしたの？」と尋ねてお子さんの話を聞くようにします。また、大人がリフレッシュ目的で有給休暇を取るように、子どもにも時には休憩の時間が必要であり、学校を休んで話を聞くことも有効とされています。
子どもから聞いた内容については、学校や支援者と情報を共有して、今後のサポート体制に活かすようにします。

### ③ 子どもが安心できる環境を整える

子どもが安心できる環境とは、子どもとの信頼関係が築けている人的環境や、居場所となる物理的環境を整えることが必要になります。子どもと信頼関係を築くためには、子どもの話をたくさん聞き、考えていることを受け止めるなど、子どもの目線に合わせた関わりをもちます。また、居心地のよい場にするためには、見通しがもてる指示や教示、クールダウンできる避難場所を確保することで、安心できる環境を整えられていきます。

## 二次障害が起きている場合の対応方法

### ① お子さんの学校や日常生活を見直す

まずは心の休憩が必要になります。また、子どもの「得意、不得意」を見つけて、学校や日常生活で自分らしく過ごせるようにサポートしていきます。その際には、子どもの意志を確認しながら、一緒に生活について考えていきます。

### ② 子どもに関わる支援者が連携して支援を行う

子どもの特性を理解し、今後の支援方法の方針を決めることを通して、サポート体制を整えていきます。
以上の方法をご提案します。ただし、二次障害の問題は、子ども1人ひとりが抱えている状況が異なるため、慎重な対応が大切になります。

# 食事動作の関わり方

## 食事動作練習方法について

食事をするためには、スプーンやお箸を上手に使えることが必要になります。また、将来的には、食べ方で人に不快な思いをさせないための食事マナーも身につけておきたい力となります。

では、お箸などの食具を使用するためには、どのような力が必要なのでしょうか。

食具の操作に必要な力として、以下が挙げられます。

① 正しい姿勢で座る力
② 手指の機能の発達
③ 両手、口と手の協調運動の発達

これら、①〜③の力が未発達な場合、食具がうまく使えず、食事場面で困りごとにつながります。

## お箸に移行する時期のご提案

子どもが何歳になれば、「スプーンからお箸へ」移行すべきか、とても迷うと思います。

子どもの手指機能の発達が不十分なまま、年齢や周りの子どもと同じように、早期にしつけ箸を使用しお箸の練習を始めることについては、注意してほしいことがあります。

手指機能の発達が不十分なままであると、普通箸を正しく操作することが難しくなる可能性があります。

下記に「しつけ箸やクロス箸の影響」や「いつからお箸を使うべきか」についてご提案しています。

注意するポイントは、スプーンやフォークをうまく使えないうちに、安易にしつけ箸を使用することで、正しいお箸の操作方法を獲得しにくくなる場合があることです。

| | 正しいお箸の握り方 | リング付きお箸（しつめ箸） | クロス箸 |
|---|---|---|---|
| 握り方 | 上の箸 / 下の箸<br>上の箸を示指と中指で支えるように握る | 上の箸 / 下の箸<br>上の箸を示指と中指で握らずにリングに通す | **クロス箸を観察ポイント**<br>**上の箸が下の箸にのる**<br><br>上の箸が下の箸にのっている状態のクロス箸は、次第に直るため見守って下さい。<br><br>（上記の反対になるクロス箸）<br>下の箸が上の箸にのった状態は、親指で箸の開閉をしてることが多い。正しい動し方と異なる動かし方のために注意が必要になります。 |
| 動かし方 | 上の箸 / 下の箸<br>下の箸は動かずに上の箸を示指と中指で開閉操作をする | 上の箸と下の箸を指全体で開閉操作をする | |

## お箸の練習方法

お箸の練習を始める時期の3つのチェックポイント
① 左図のように、スプーンやフォークを「鉛筆持ち」ができ始める時期
② 指のピストルの形で洗濯バサミの付け外しができる
③ 指の分離運動ができる

**(道具や関わり方の工夫)**
① 箸でつまむ練習をするときは、子ども用の割箸を使用する（15cm前後）
② 関わり方のポイント
箸を使い始めたばかりの頃は、食べこぼしや非利き手で箸を支えるといった、気になる仕草が見られることがあります。しかし、この時期は過度に注意や指摘をするのではなく、お子さんが楽しみながら箸を使える雰囲気をつくってください。繰り返し練習するうちに、少しずつ行儀も整っていきます。

**(箸の練習方法)**
① 箸の正しい動かし方を覚える（上の箸だけが動くことを知る）
・下の箸を非利き手で固定して、上の箸を人差し指と中指で上下に開閉させる練習します。
② 箸でつまむ練習
・実際の食事場面では、表面がデコボコして、柔らかくて滑りにくい食材から始めます。
　（例：パンや焼きそばなど）
・箸でつまむ練習場面では、フォルトボールや1辺を約1.5cmに切ったスポンジなどを使用して練習を始めてください。

**(その他のポイント)**
食事の基本になるのは、まず姿勢を整えることです。姿勢が崩れる理由としては、姿勢を保つ筋力やバランス力の未熟さが関係しています。そのため、お子さんに合った環境づくりが大切です。
具体的には、まず椅子の高さは『足裏全体が床にしっかり着く高さ』に調整します。そして、机の高さは『肘を曲げたときに腕が自然に机に着く高さ』に合わせましょう。
また、姿勢の安定を助けるために、滑り止めマットを利用するのも有効です。必要に応じて、肘置き付きの椅子を取り入れることも考えてみてください。

# 身だしなみの整え方

## 身だしなみを整えることについて

発達障害のお子さんは、相手からどのように見られるのか（他者視点）を意識しにくいために、身だしなみに関心が向きにくく、自分のだらしなさに気づくことが難しい背景があります。
そのため
・髪がぼさぼさのままになっている　・ズボンからシャツがはみ出している
・季節や気候に合った服装に替えることが苦手　・口周りが汚れている、口臭や体臭を気にしない
などの身だしなみに関する課題が見られることがあります。また、手先の不器用さが影響して、整えたつもりでも不十分な場合もあります。身だしなみを整える力は、相手を不快な思いにさせないといった社会生活を円滑に送るために必要な力になります。

## 生活の中での練習方法

① 歯を磨くことが苦手、食後に口の周りが汚れている

まずは、習慣をつけるために食後に口を拭くことや、歯磨きをすることから始めます。学校へ登校していて難しい場合は、朝・夜の食事後に必ず歯磨きをするように促します。また、歯ブラシが歯に合っていない、あるいは磨き方が不十分な場合は、鏡を見ながら磨くようにすると効果的です。
お子さんのなかで、口腔内の過敏性がある場合は、大人が両手で子どものほほや口の周りを少し圧迫しながら行うと、過敏性は和らいで歯磨きがしやすくなります。

② 「服装がだらしない、季節や気候に合わせた服装に変えることが苦手、髪がぼさぼさ」

共通して整えることができない理由を以下に示します。
・他者視点（他人からどう見られているのか意識が向かないために、身だしなみに無頓着）
・こだわり（ファッションが趣味的に偏り過ぎてしまう傾向）
・感覚の偏り（触覚過敏場合は、服の素材にこだわることや体を締めつける服が苦手なことがあります）

**(指導方法)**
・準備物：本書付録の「イラストカード、身だしなみ確認シート」
・方法
　①大人は、子どもにイラストカードを見せてどちらが相手に不快を与えないか問います。
　②お子さんは、提示された選択肢の中から選びます。
　③大人は、次に、「いつ、どこで、どのような方法で整えるか」質問します。
　（必要に応じて、身だしなみ確認シートを活用して下さい）
　④お子さんは、質問に合わせて答えます。
　⑤正しく答えを選択すること、質問に答えられると正答です。

## 便の後始末
「おしりをうまく拭けない」「トイレットペーパーがうまく切り取れない」

おしりを拭くためには、「トイレットペーパーをホルダーから切り取る」「トイレットペーパーをたたむ」「おしりを拭く」の3つの工程があります。そのために必要な力として、
① 両手の協調運動
② おしりの位置の理解（ボディスキーマ）
③ 姿勢の安定（体をひねる）などがあげられます。

トイレットペーパーをたたむことや切り取ることが苦手な子には、日常生活の中で支援することができます。たとえば、洗濯物の片付ける際に、タオルやハンカチを一緒にたたむことで、両手の協調運動の練習になります。

また、おしりを拭くことが苦手な子には、テーブル拭きを取り入れると、おしりを拭くときの手の動きの練習になります。さらに、おふろのときにおしりを洗う練習や、タオルでおしりを拭くことで、おしりの位置関係を覚えることにもつながります。

トイレトレーニングを始める際にはいくつかのポイントがあります。まず、トレーニングを始める季節は春や夏頃がよいとされており、これは便座が冷たくなると子どもが座りたがらないためです。もし寒い季節に行う場合は、トイレカバーや便座を温かくしておくとよいでしょう。また、排泄の際には、子どもの足が地面についた状態で座る方がお腹に腹圧がかかりやすいとされていますので、足が地面につかない場合は足台を置くなどの工夫が必要です。さらに、トイレトレーニングを成功させるためのポイントは、「できたことをしっかり褒める」ことです。

## Q & A

Q1：気候に合わせた服装がなかなかできません。どのように支援したらよいですか？
A1：本書付録の「気温と服装の目安表」を参考にして伝えてください。あくまでも目安であるため、子どもの暑さ、寒さの感じ取り方を確認しながら進めてください。
Q2：服の素材を気にする様子が見られています。どうしてですか？
A2：触覚過敏が影響しています。服の素材が気になる場合は、肌着やシャツのタグなどをとって対応します。または、本人の意志を確認しながら対応をお勧めします。
Q3：パンツにかえる時期は？
A3：年齢ではなく、排泄間隔が2〜3時間になることが一つの目安です。
Q4：オムツ使用時に濡れたときにはすぐ替えたほうがいい？
A4：濡れていると感じる感覚の感受性を低下させないためにも、時間をおかずにオムツを替える方がよいです。
Q5：おしりをきれいに拭けないときはどうしたらいい？
A5：自分でトイレットペーパーに汚れがついているかいないかを確認した後に仕上げをしてください。また、ウェットティッシュを用いて、肛門の位置を冷たさで感じる方法もあります。

領域 健康・生活

# バスの乗り降りの仕方

### ねらい
バスの乗り降りの手順をイラストなどで視覚的に示した説明シートを活用し、実際の場面をイメージしながら練習を進めます。視覚サポートを取り入れることで、各ステップをわかりやすく示し、手順を一つひとつ段階的に身に付けられるよう工夫しています。

### 目的
- 自分で安全に目的地に到達する力を育む
- バスの乗り方や降り方について理解する

### 事前準備
- 対象人数：1人～複数人
- 目安時間：10～15分
- 準備物
- 本書付録「バスの乗り降り説明シート」

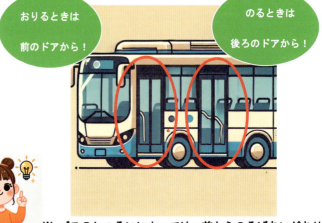

※ バスのしゅるいによっては、前からのるばあいがあります

### 進め方

① 説明シートを使用して、バスの乗り降りの手順と安全に関するポイントを、順を追って視覚的に説明します。
② 説明シートを見せながら、乗車時の動作（バスに並ぶ、順番を守る、座席を見つけるなど）や降車時の注意点を子どもに確認してもらいます。
③ 子どもが手順を理解したかを確認するため、「まず何をするの？」「乗ったらどうするの？」と質問を投げかけ、一連の流れとルールを口頭で説明してもらいます。
④ 子どもが一連の手順やルールを正しく説明できたら成功です。

### 予測されること
実際にバスに乗る経験を重ね、そのたびに振り返りを行うことで、一人でバスに乗り降りする力が少しずつ育ちます。まずは大人と一緒に乗り降りする練習から始め、次に行き慣れた場所では、大人が少し離れた距離から見守りながら一人で挑戦します。このように段階的にステップアップすることで、一人でバスに乗る自信とスキルを育みます。

### アレンジ（難易度アップ！）
外出活動を始める際の導入として、お子さんに活動内容を説明するために使用できます。

領域 健康・生活

# バスの時刻表の読み方

## ねらい
バスを利用する際に必要な運行目的地や出発時間を確認する力を身につけるため、時刻表の読み方と計画的に利用できる力を育みます。このトレーニングでは、本書付録の「バスの時刻表読み方シート」と「バスの時刻表学習プリント」を用いて、時刻表の基礎から応用までを段階的に学び、理解を深めていきます。

## 目的
・自分で安全に目的地に到達する力を育む
・バスの時刻表の読み方について理解する

## 事前準備
・対象人数：1人～複数人
・目安時間：10～15分
・準備物
・本書付録「バスの時刻表読み方シート」
「バスの時刻表学習プリント①～③」

【 平日と土日祝日 ダイヤ 】
バスには平日と土日祝日で運行している時間が違います。そのため、バスを利用する際には、日付の曜日にあわせて時刻表を確認する必要があります。

## 進め方
① バスの時刻表読み方シートを用いて、バスの時刻表の読み方について順を追って説明します。
② 子どもに時刻表の読み方の基本を理解してもらい、シートを見ながら一連の流れを確認しつつ説明してもらいます。
③ 正しく時刻表を読めることができたら、次に「バスの時刻表学習プリント」に進みます。
④ バスの時刻表学習プリント①から順に問題に取り組んでもらいます。
⑤ 子どもがすべての問題を正しく答えられたら成功です。

## 予測されること
子どもが「13時」や「14時」といった時刻表の表記を理解できない場合は、「1日＝24時間」「13時＝午後1時」といったポイントを説明します。また、時刻表の問題で間違いが多い場合は、「バス時刻表学習シート」を使って一緒に確認し、理解したら自分で解答できるようサポートします。

## アレンジ（難易度アップ！）
・バスの時刻表学習プリントは、①から順に難易度が高くなります。

第3章 療育メニュー50

領域 健康・生活

# 電車の乗り降りの仕方

### ねらい
電車の乗り降りの手順を視覚的に示す説明シートを活用し、実際の状況をイメージしながら練習することで、電車の乗車および、降車の方法を身につけます。視覚サポートを導入することで、各ステップをわかりやすく示し、段階的に習得できるようにしています。

### 目的
- 自分で安全に目的地に到達する力を育む
- 電車の乗り方や降り方について理解する

### 事前準備
- 対象人数：1人〜複数人
- 目安時間：10〜15分
- 準備物
- 本書付録「電車乗り降り説明シート」

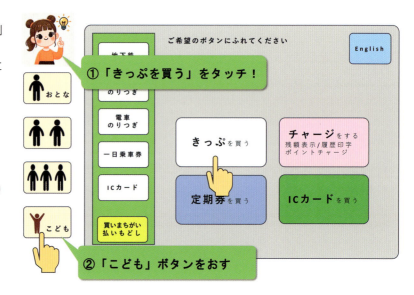

### 進め方
① 説明シートを活用して、電車を乗り降りするための全体の流れや安全に配慮すべきポイントを、視覚的に段階を追って説明します。
② 説明シートを見せながら、乗車準備（乗車位置に並ぶ、順序を守る、空いている座席を見つけるなど）や降車時の注意点について、子ども自身に確認してもらいます。
③ 子どもが手順を理解できたかを確認するため、「最初に何をするかな？」「乗車後はどのように動けばいいかな？」と問いかけ、一連の流れやルールについて子どもに説明してもらいます。
④ 子どもが一連の手順やルールを正確に説明できたら成功です。

### 予測されること
実際の電車での練習前には、事前に安全な乗り方を説明します。駅のホームでは黄色い線の内側に立つこと、電車とホームの隙間に注意すること、車内では静かに過ごすこと、混雑時には無理に乗らずに次の電車を待つことなどを伝えます。また、困ったときの対応として、駅員の位置を確認しておくよう促します。振り返りを重ねながら、一人で電車に乗れる力を育てます。

### ▶▶ アレンジ（難易度アップ！）
外出活動を始める際の導入として、お子さんに活動内容を説明するために使用できます。

# 電車の時刻表の読み方

## ねらい
電車を利用する際に必要な目的地や出発時間の確認スキルを身につけるため、時刻表の読み方や各停・快速・特急のちがいを理解し、計画的に電車を利用できる力を育みます。このトレーニングでは、本書付録の「電車の時刻表読み方シート」と「電車の時刻表学習プリント」を活用し、基礎から応用までの段階的な学習を通じて、理解を深めていきます。

## 目的
- 自分で安全に目的地に到達する力を育む
- 電車の時刻表の読み方について理解する

## 事前準備
- 対象人数：1人～複数人
- 目安時間：10～15分
- 準備物
- 本書付録「電車の時刻表読み方シート」
- 電車の時刻表学習プリント①－③

## 進め方
① 電車の時刻表読み方シートを用いて、電車の時刻表の基本的な読み方を順を追って説明します。
② 子どもに時刻表の読み方の基本を理解してもらい、シートを見ながら手順を確認しつつ説明してもらいます。
③ 正しく時刻表が読めるようになったら、「電車の時刻表学習プリント」に進みます。
④ 電車の時刻表学習プリント①から順に問題に取り組んでもらいます。
⑤ 子どもがすべての問題に正しく答えられたら成功です。

## 予測されること
子どもが普通・快速・特急などの列車の種類や停車駅のちがいを理解できない場合は、「電車の時刻表読み方シート」を活用し、一緒に確認してください。また、時間表記がわからない場合は、1日が24時間で構成されることや、「午前」「午後」のちがい、「13時＝午後1時」といったポイントを説明してください。

## アレンジ（難易度アップ！）
- 電車の時刻表学習プリントは、①から順に難易度が高くなります。

# スライムから宝さがし

## ねらい
スライムの柔らかく、ぬめりのある質感を通じて、「ぐにょぐにょした感触」を体験しながら、目標物を指先で探り、識別する能力を育みます。この活動は、指先の器用な動きと触覚的な識別力を向上させ、また、つまみ動作に必要な力の調整力を向上させます。

## 目的
・手先の感覚識別の向上
・つまみ動作の向上
・感覚遊び（視覚、触覚遊び）

## 事前準備
・対象人数：1人～複数人
・目安時間：15分
・準備物　：100円ショップで購入できるおはじき・ビーズ・スライムなど

## 進め方
① スライムの準備
スライムの中におはじきを数個入れます。全体をよく混ぜて、おはじきが見えなくなるようにします。
② 準備したスライムを子どもに渡します。
③ スライムの中から指先を使っておはじきを探します。見つけたおはじきを取り出せたら成功です。

## 予測されること
・スライムの感触を嫌がる子どもの場合は、無理に触れさせません。まずは大人が楽しそうに触れる様子を見せることから始めます。子どもが少しずつ関心を示したら、優しく触れることを促します。また、遊び終わったら、手をしっかり洗いましょう。
・スライムやおはじきを口に入れないよう注意してください。

## アレンジ（難易度アップ！）
目隠しをしたまま、スライムの中からビーズなど探すとより感覚識別の力を育むことができます。

 領域 運動・感覚

# だるまさんポーズ

## ねらい
椅子にしっかり座ることや、更衣動作（ズボンを立ったまま履く際の片足を上げる動作）には、姿勢を保つ力が必要です。このトレーニングでは、姿勢を保つために必要な腹筋の力を育てます。

## 目的
・姿勢を保つ力（お腹の力）の向上

## 事前準備
・対象人数：1人～複数人
・目安時間：3～5分
・準備物　：特に必要ありません

## 進め方
① 大人は子どもに「このポーズを見て真似してみてください。私が『はい』の合図で始めてください」と伝えます。
② 子どもが理解したら、大人が合図を出して始めます。
③ 子どもはポーズを真似します。
④ 子どもが10秒間ポーズを保てたら成功です。
⑤ この活動を2～3回行います。

## 予測されること
うまく仰向けで丸くなれない場合は、最初は大人が子どもの背中や腰のあたりに手を添え、体が丸くなるように優しく支えます。少しずつできるようになってきたら、1秒間自分で支えることを目指して練習します。また、お腹の上にボールを置いて落とさないようにすることで、ゲーム感覚で楽しく取り組める活動になります。

## アレンジ（難易度アップ！）
お友達とどちらが長くポーズを保てるかを競うルールを追加すると、ゲーム感覚で楽しく取り組める活動になります。

領域 運動・感覚

# 飛行機ポーズ

### ねらい
椅子に安定して座る姿勢や立ったまま靴やズボンを履く場面では、姿勢を保つ力が必要になります。このトレーニングでは、姿勢を保つための背中の支える力を育てます。

### 目的
・姿勢を保つ力（背中の力）の向上

### 事前準備
・対象人数：1人～複数人
・目安時間：3～5分
・準備物　：特に必要ありません

### 進め方
① 大人は、子どもに「このポーズの真似をしてください。私の『はい』の合図で始めてください」と伝えます。
② 子どもが理解したら、大人が合図を出して始めます。
③ ポーズを真似します。
④ 子どもが10秒間ポーズを保つことができたら成功です。
⑤ この活動を2～3回行います。

### 予測されること
うつ伏せの状態で手足を上げることが難しい場合は、最初は大人が手や足のどちらかを軽く持ち上げ、手足が少し浮くように支えてサポートしてください。少しずつできるようになったら、1秒間自分で支えることを目標にして練習します。

### アレンジ（難易度アップ！）
お友達とどちらが長くポーズを保てるかを競うルールを追加すると、ゲーム感覚で楽しく取り組める活動になります。

# ジュース屋さん

## ねらい
色水を使った視覚的な感覚遊びを通して、指先や掌で重さを感じる感覚の識別力を育みます。

## 目的
・感覚遊び（視覚、触覚遊び）
・手先の感覚識別（重さなど）の向上
・目と手の協調性の向上と力加減の調整

## 事前準備
・対象人数：1人〜複数人
・目安時間：10分
・準備物
　ペットボトル（500ml,1L,2L）数本
　食紅または絵の具、トレイ、台ふき
　プラスチックのコップ
　レジャーシート

## 進め方

① 自分の好きな色の絵の具、または食紅を選びます。
② ペットボトルに水を入れ、選んだ色素を加えてよく混ぜます。

③ 色水ができたら、ペットボトルからコップへ慎重に注ぎます。
④ こぼさずにコップに注げたら成功です。

## 予測されること
ペットボトルからコップへ水を注ぐ際に「こぼれてしまう」ことがよくあります。これは、適切な力加減や目と手の協調性が難しい場合があるためです。この動作を上手に行うには、まずは、大きめのコップを使うことをおすすめします。

## アレンジ（難易度アップ！）
・注ぐコップの大きさを小さくすると、より手と目の協調性と力加減が必要になります。
・コップに注ぐ量を指定すると、ゲーム感覚で楽しく取り組めます。

領域　運動・感覚

# 線上あるき

### ねらい
姿勢を保つためには、体の傾きを感じ、筋肉の力を調整することや、手足や体の位置を整えてバランスを取ることが必要です。このトレーニングでは、主にバランスを保つ力を育てます。

### 目的
・姿勢やバランスを保つ力を向上

### 事前準備
・対象人数：1人　　・目安時間：10分
・準備物
　色のついた幅3〜5cmのビニールテープ

### 進め方
① スタートとゴールを約2〜4m離れた位置に設定し、ビニールテープで線を引きます。
② 線の上を歩く方法を説明します。片足の踵と反対の足のつま先を合わせて、ゆっくりと線の上を歩くことを伝えます。子どもが説明を理解したら活動を始めます。
③ 「よーい、スタート！」の合図で、子どもはゴールを目指して進みます。
④ お子さんが線の外に出ずにゴールできれば成功です。
⑤ この活動を3回行います。

### 予測されること
この活動が苦手な子どもは、線を意識せず歩くことや歩幅が大きくなることがあります。
また、すぐに線から落ちてしまう場合は、ビニールテープの幅を広げて調整してみてください。

### ▶ アレンジ（難易度アップ！）
おぼんを持って線の上を歩くことで、バランス感覚がより必要となる活動になります。

# 手押し車タッチ

### ねらい
姿勢が崩れやすい理由の一つは、姿勢を保つ力が弱いことです。このトレーニングでは、自分の体をしっかり支える力を高めることを目的としています。

### 目的
・姿勢を保つ力（腕やお腹、背中の力）の向上

### 事前準備
・対象人数：2人1組ペア
・目安時間：10分
・準備物
　スタートとゴールの目印（ビニールテープやコーン）

### 進め方

① スタート地点とゴール地点の目印を約3〜5mの距離に設置します。
② 大人が両手で子どもの足首をしっかりと支えてサポートします。
③ 「よーい、スタート！」の合図で、子どもがゴールを目指して進みます。
④ 子どもが体を支えながら、ゴールに到達できたら成功です。
⑤ これを3回行います。

### 予測されること
自分の体をうまく支えられない場合は、最初は四つ這いの姿勢から始めてください。（前腕と肘を床につけ、両足をしっかりと床につけて体を支えます）
少しずつできるようになってきたら、前腕と肘は床につけたまま、大人は子どもの足をしっかりと支え、手押し車のスタートポーズを保つように促します。5秒から10秒保てるようになったら、子どもが無理のない範囲で1歩、2歩と前方に進む挑戦ができるようサポートしてください。

### ≫ アレンジ（難易度アップ！）

ゴールの距離を伸ばしたり、ペアでゴールまで競争することで、楽しみながら取り組めるゲーム性のある活動になります。

領域 運動・感覚

# かえるゲーム

## ねらい
かえるのようなポーズをとり、バランスを保ちながらお腹と背中の筋肉を同時に使い、運動に必要な身体図式を育むトレーニングになります。

## 目的
- 姿勢を保つ力の向上
- 身体図式や運動企画の向上
- 目と手、目と足の協調性の向上

## 事前準備
- 対象人数：1人～複数人
- 目安時間：10-15分
- 準備物
  カラーテープ、透明テープ、手形足形イラスト

手形足形イラストを3つで
1セット
横一列に置く

---

（コースのつくり方）
① 子どもが自由に動けるスペースを準備します。
② 手形足形イラストを3つで1セットとして、横一列に床に貼ります。
③ このセットを「スタート」から「ゴール」までに5セット以上つくり、床に貼ります。
　 セット間の間隔は、子どもの体の大きさに合わせて調整します。間隔が広くなると、姿勢を保つのが難しくなります。
※手形足形イラストのセットの数は、子どもの達成度に応じて増やしたり、減らしたり調整します。

## ゲームの進め方

位置について！よーい、ドン！

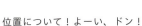

ゴールを
目指して

床に貼られている手や足に合わせながら
ゴールを目指す

（ゲームの進め方）
① 子どもがスタート地点に立ち、「位置について！よーい、ドン！」の合図でスタートします。
② 子どもは、床にある手形、足形のイラストに合わせてタッチしながらゴールを目指します。
もし、うまく手足を合わせられない場合はサポートしてください。
③ タッチしながらゴールできたら成功です。

## 予測されること

手形や足形のイラストにうまく合わせられないことがあります。これは、自分の体の部位をどのように動かせばよいのかがわからないためです。その場合は、手形や足形にどう合わせていくのかを確認しながら進めてください。

## アレンジ（難易度アップ！）

同じコースを2つつくることで、お友達と競うゲーム性のある活動になります。

領域 ▶ 運動・感覚

# ぞうきんがけレース

## ねらい
ぞうきんがけレースは、スタートラインからゴールラインまでぞうきんがけを競う活動です。楽しみながら体幹や上肢の筋力など、協調運動を向上させることができます。

## 目的
・姿勢を保つ力の向上
・手足の協調運動の向上

## 事前準備
・対象人数：2人以上
・目安時間：10-15分
・準備物　：ぞうきん（人数分）
（必要に応じて）テープ・コーンなど
（スタート・ゴールラインに使用）

## 進め方
① ルールを伝えます。
「スタートの合図でぞうきんがけを始め、最初にゴールに到着した人が勝ちです」
② 子どもたちにぞうきんを持ってスタート位置に並んでもらいます。
③ 「よーい、どん」の合図でスタートします。
④ 最初にゴールに到着した人が勝ちです。

## 予測されること
・ぞうきんがけの動作を確認し、必要に応じて練習を行ってから実施します。
・競争に夢中になり、周囲が見えず衝突する恐れがあるため、周りの物は片付けます。
・競争が苦手な子どもには、まずは大人と一緒に行うことから始めるなど、段階的に進めます。

## アレンジ（難易度アップ！）
・距離を長くする、途中に障害物を設置することで難易度を上げることが可能になります。
・2人1組のチームをつくり、1人がスタートから中間地点までぞうきんがけを行い、そこで次の人に交代してゴールまで進む「リレー形式」にすることで、チームワークの向上も図れます。

# 背中文字当てゲーム

## ねらい
指先を使って文字を書き、背中で文字を感じ取ることで、楽しみながら感覚の識別能力や身体図式の向上を図ります。また、文字を伝える側と受け取る側の両方の立場を経験することで、相手の立場を考える力などの社会性を育むことにもつながります。

## 目的
- 身体図式の向上
- 感覚識別能力の向上
- 相手の立場を考える力の向上（他者視点）

## 事前準備
- 対象人数：2人（複数人でも可能）
- 目安時間：10-15分
- 準備物　：特になし

例：答え＝「か」

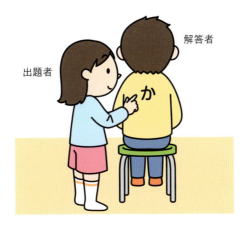

## 進め方
① 2人1組でペアをつくり、1人が「出題者」、もう1人が「解答者」を担当します。
② 解答者は、出題者に背中を向けて座ります。
③ 出題者は、解答者の背中に、指で簡単な文字（例：ひらがな1文字）を書きます。
④ 解答者は背中に書かれた文字を感じ取り、何の文字かを当てます。当てることができれば成功です。
※出題者と解答者の役割を交代しながら進めます。

## 予測されること
- 失敗することへの不安の強い子どもは、簡単な文字（画数の少ない文字）から始めます。
- 解答者が答える前に正解を言ってしまわないように、出題者には事前約束を行います。

## アレンジ（難易度アップ！）
- 文字数を増やしたり（例：「りんご」等の単語）、漢字を出題することで、難易度を上げることができます。
- 3〜5名を1チームに分け、リレー形式で行うことで、よりゲーム性の高い活動にアレンジできます。

# 眼球運動の活動

### ねらい
このトレーニングでは、文字を目で追う力や、音読時に次の行へ視線を移す眼球運動の基礎の力を育みます。

### 目的
・眼球運動の追視の向上（追従性眼球運動）
・すばやく目を動かす眼球運動の向上（躍動性眼球運動）

### 事前準備
・対象人数：1人
・目安時間：10-15分
・準備　　：本書付録「眼球運動の活動」

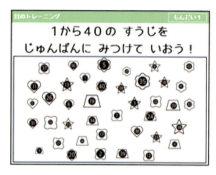
躍動性眼球運動のトレーニング

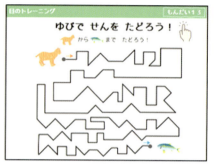
追従性眼球運動のトレーニング

### 進め方

> 跳躍性眼球運動のトレーニングでは、視線を異なる大きさの数字間で素早く移動させる力を育みます。「大きさの異なる数字を順番に見つける」や「指定されたひらがなや数字を数える」といったプリント問題に取り組みながら、視線の切り替えを意識できるよう促します。
> 追従性眼球運動のトレーニングでは、動く対象を視線で追いかける力を育みます。「指で線をたどる」や「迷路を指で道をたどりながらゴールを目指す」といった活動において、指を動かしながら視線をしっかり合わせるよう促します。

### 予測されること

・跳躍性眼球運動のトレーニングでは、数字やひらがなを順番に見つけたり、指定された数を数える際に、途中で数字を飛ばしたり、順序を見落とす場合があります。この場合は、正しい範囲（たとえば1〜10の範囲）を示し、「順番にもう一度確認してみよう」と声かけをしてください。
・追従性眼球運動のトレーニングでは、線を指でたどる際に眼球と指が同時に動かず、目が別の方向を見てしまうことがあります。これは、視線を安定して動かすことが苦手なためです。この際、大人が子どもの手を軽く支え、「ゆっくり指を動かして、この線を目で追ってみようか」と誘導することで、視線と動きの一致をサポートしてください。

### ▶ アレンジ（難易度アップ！）

> それぞれのトレーニングの問題を、正確にクリアする時間を競う形にすると、ゲーム性が加わり楽しい活動になります。ただし、競争意識が強くなりすぎると、活動の本来の目的から外れてしまう場合があるため、注意が必要です。

# ビー玉迷路

### ねらい
「ビー玉」の動きを見ながら、手の傾き加減を調整して「ゴール」を目指します。この活動は、目と手の協調性と眼球運動の力を必要とするトレーニングになります。

### 目的
- 目と手の協調性の向上
- 眼球運動（追視）の向上

### 事前準備
- 対象人数：1人
- 目安時間：10-15分
- 準備　　：ストロー（割りばし）、ビー玉
　　　　　　セロハンテープ、空き箱

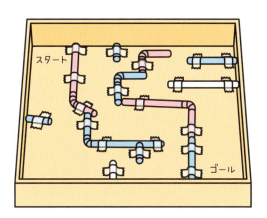
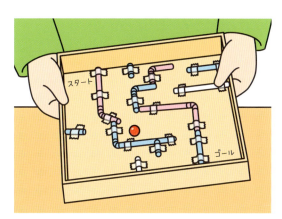

### 進め方

**（空き箱で迷路のつくり方）**
① 空き箱に、好きな配置でストローもしくは割りばしをテープで貼り付けて、迷路のルートをつくります。
② スタートとゴールの位置を決めます。

**（ゲームの進め方）**
① スタート地点にビー玉を置きます。
② 箱を両手で持ち、傾けてビー玉を転がします。
③ ビー玉をゴール地点まで転がせたら成功です。

### 予測されること
力加減の調整やビー玉の動きを目で追うことが苦手な子どもは、ビー玉をゴールに運ぶことが難しい場合があります。その際は、一緒に持ちながら、どのように動かすかをサポートしてください。

### ▶▶ アレンジ（難易度アップ！）
慣れてきたら、ビー玉をゴールまで運ぶタイムを競うルールを取り入れることで、ゲーム性のある活動になります。

領域　運動・感覚

# ブラックボックス

## ねらい
道具を使うには、まず自分の手先を上手に使えることが大切です。そのためには、2つの能力を育てることが重要です。1つ目は『手先の力加減』、2つ目は『手に触れた物の素材や形、大きさ、位置がわかる感覚（感覚識別）』です。この活動では、主に2つ目の感覚識別を育てます。

## 目的
・手の感覚識別を向上
・道具の操作性の向上

## 事前準備
・対象人数：1人～複数人
・目安時間：5-10分
・準備物　：手元を隠すための箱もしくはタオル

触れる物や素材
・「〇、△、□」などの形の積み木
・感触がちがう素材、日常で使用する道具

## 進め方

 →

子どもに、これから触れる物の形や素材を説明し、実際に触れて確認してもらいます。確認した後、子どもに箱やタオルの中に手を入れてもらいます。

子どもに見えないように、箱やタオルの中に物を入れます。子どもが手で触っている物が何かを当てられたら成功です。

## 予測されること
手の感覚だけで触れている物を当てられない場合があります。この場合、手の感覚識別が十分に育っていない可能性があります。その際は、「形は〇〇に似ているよ」など大人がヒントを伝えてサポートしてください。

## アレンジ（難易度アップ！）

以下は、身近な素材や日用品を取り入れて楽しみながら感覚を育むものの参考例になります。
・素材編　　（毛糸、スポンジの表面、布、ざらざらしたものなど）
・日常生活編（鉛筆、消しゴム、ボールペン、定規、野菜、料理で使用する道具（しゃもじ等）

 領域 運動・感覚

# 指トントン色合わせ

## ねらい
この活動は、指を1本ずつ動かす（指の分離運動）トレーニングです。この動きは、学校生活で必要なリコーダーや鍵盤ハーモニカの演奏、給食時のお箸の操作など、様々な道具を扱う際に欠かせない力になります。

## 目的
- 目と手の協調の向上
- 道具の操作性の向上
- 手指の分離運動の向上

## 事前準備
- 対象人数：1人
- 目安時間：10分
- 準備物　：5色のカラーシール
　　　　　　A4用紙

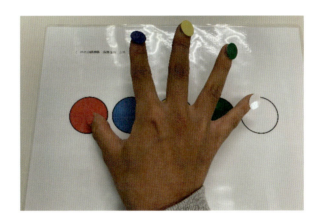

## 進め方

（トントンゲームの台紙のつくり方）
① 用紙に5色のカラーシールを貼ります（カラーシールは片手の指が届く範囲に貼ります）。
② 子どもの指にも、同じ配置でカラーシールを貼ります。
（進め方）
① 大人が「赤！」と指示したら、上のイラスト図のように子どもは親指で赤色をタップします。
② これを10回程度繰り返します。
③ 指示に合わせて正しくタップできたら成功です。

## 予測されること
大人から指示された色をタップできない場合は、ゆっくりでも指を意識して動かせるようにサポートしていきます。それでも難しい場合は、子どもの指を優しく誘導して、一緒に動かしてみてください。

## アレンジ（難易度アップ！）
- 成功回数を競うルールを取り入れることで、ゲーム性のある活動になります。
- 指示する色を「赤と青」のように2つに増やすと、難易度が高まります。

領域 ▶ 運動・感覚

# 紙コップピンポン

### ねらい
ピンポン玉をバウンドさせて紙コップに入れて、点数を競う活動を通して、目と手の協調性や力加減を育みます。

### 目的
・目の補正機能の向上
・目と手の協調性の向上

### 事前準備
・対象人数：複数人
・目安時間：15分
・準備物　：紙コップ　10〜20個程度/ピンポン玉（スーパーボール）5個程度/空き箱等（紙コップをセットする）/ホワイトボードなど（点数表）

### 進め方

〈準備〉
① 紙コップに点数を書いた紙を貼り付けます（必要であれば、メモ用紙や他の紙でも代用できます）。
② 長方形の空き箱などに、写真のように点数を貼った紙コップを並べます。
③ 机の上に配置し、投げるスタート位置を決めます。（例：机から１メートル離れた地点）
〈開始〉
④ ルールを決めます。（例：一人３球ずつ、順番に５回投げる）
⑤ 順番にスタート位置からピンポン玉を机でバウンドさせて投げて、紙コップの中に入れます。
⑥ 点数を記録し、最後に結果発表を行います。合計点数が一番高い人が勝ちになります。

### 予測されること
・力加減が難しくて、なかなか紙コップに入らない場合は、近い距離から始めてください。
・点数を競うルールが原因でトラブルになりそうな場合は、前回の自分の点数を超えることを目標にするなど、ルールの設定を工夫してください。

### ▶▶ アレンジ（難易度アップ！）
ピンポン玉を投げる距離を調整することで、難易度を上げたり下げたりすることができます。

# おはじきを立てよう

### ねらい
このトレーニングでは、おはじきを目印の位置に立てるために、手先のつまみ動作と手元を見続ける力を育みます。

### 目的
・注視する力の向上
・目と手の協調性の向上

### 事前準備
・対象人数：1人～複数人　・目安時間：10分
・準備物　：おはじき（必要な枚数）、段ボール白画用紙、カッター、ガムテープ

### 進め方

**（おはじきを立てるボードのつくり方）**
① 段ボールに白い画用紙を貼ります（段ボールは、白画用紙が貼れるサイズにカットします）。
② おはじきが立つ大きさの穴をカッターで段ボールに開けます。

**（進め方）**
① まず、ボードと必要な数のおはじきを準備して渡します。
② 子どもにルールを「すべてのおはじきをボードの上に素早く立ててください。どれくらいの時間で全部立てられるか、タイマーで計測します！」と説明します。
③ 大人の「よーい、スタート」の合図に子どもはおはじきを並べ始めます。
④ おはじきをすべて倒れずに正しく立てられたら成功です。

### 予測されること
おはじきを穴に入れる際には、指先の細かな動きが必要になります。うまく立てさせることができない場合は、穴の大きさを大きくして、おはじきを立てやすく調整してください。

### アレンジ（難易度アップ！）
お友達とタイムを競うルールを取り入れることで、よりゲーム性の高い活動になります。

領域 言語・コミュニケーション

# 3つのお題でカード合わせ

### ねらい
このゲームは、子どもたちが耳で聞いた情報を理解し、短い間記憶する力を高めることを目的としています。また、色、大きさ、物の名前という3つの要素を組み合わせた指示を理解する力も育みます。

### 目的
・指示の理解力の向上
・聞いたことを記憶する力の向上

### 事前準備
・対象人数：1人～複数人　　・目安時間：10分
・準備物　：中が透明の大小対になった絵カード、本書付録「絵カードと同じサイズの色カード」

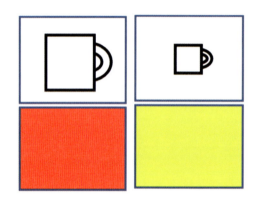

### 進め方

① 色カードと透明な事物カードを子どもの前に並べます。色の名前や大小の概念を理解しているか、「赤いカードはどれかな？」などの簡単な質問で確認します。
② 「これから言う言葉をよく聞いて、カードを重ねてね」と伝え、例を見せながら説明します。見本を使うと理解しやすくなります。
③ 「大きい赤いコップ」のように、大きさ・色・物の3要素を組み合わせて指示を出し、子どもに透明な事物カードを色カードの上に重ねてもらいます。
④ 正しく重ねられれば成功です。難しい場合は、指示を繰り返したり、ゆっくり伝えたりしてサポートしてください。

### 予測されること
3つの要素を含む指示は、間違えることもありますが、発達段階によっては色や大きさの片方だけを正しく選べる場合もあります。これは、聴覚的記憶力や注意力、言語理解力がまだ成長段階にあることを表しており、焦らず子どものペースに合わせて進めることが大切です。

### ▶ アレンジ（難易度アップ！）

「大小＋色名＋ものの名前」の順でスムーズにできるようになったら、「色＋大小＋ものの名前」の順に変更して指示し、さらに理解を深めていきます。このステップができたら、順序をランダムに提示することで、聞く力や注意力を育むことができます。

# 当てはまる言葉を選ぶ・書く

## ねらい
この活動では、学習や日常生活に欠かせない言葉の基礎として、語彙知識を引き出す「語想起」のトレーニングを行います。特に、色、動物、食べ物、乗り物など、日常でよく使うカテゴリごとに言葉を思い出す力を育みます。語想起トレーニングにより、会話や文章理解に必要な言葉を素早く正確に思い出すことで、学習やコミュニケーションの基礎力を高めることができます。

## 目的
・語彙・語想起の向上

## 事前準備
・対象人数：1人
・目安時間：10分
・準備物　：本書付録「当てはまる言葉を選ぼう ワークシート」

当てはまる言葉を選ぼう　　　　　　　　　　れいだい

## あてはまる ことばに ○をしよう！

　　いろ　　

| あか | いえ | テーブル | きいろ | パソコン |
|---|---|---|---|---|
| くるま | あお | おにぎり | でんわ | くろ |
| くつした | ノート | くも | みどり | あめ |

## 進め方

① プリントを子どもに渡し、プリントに書かれている課題カテゴリを伝えます。たとえば、課題カテゴリが「いろ」の場合、「いろだけに○をつけてください」と説明します。
② 子どもが答え始めたら、途中で困った様子がないか確認し、必要であればヒントを出しながらサポートします。「思い出せる色は他にないかな？」など、考えを引き出す声かけを行ってください。
③ 課題が完成したら、一緒に答え合わせをします。すべて正しく選択できたら成功です。

## 予測されること
課題カテゴリの理解が不十分な場合、問題を解くのに時間がかかることや、適当に○をつけてしまうことがあります。この場合、語想起の力がまだ十分に育っていないことが考えられます。
その際は、視覚的なヒントとして、色や形を指さして見せたり、「赤いもの」「まるいもの」といった具体例を示しながら一緒に答えを探してサポートしてください。たとえば、「赤はリンゴの色だね」と声をかけることで、子どもが正しい答えを考えやすくします。

## ▶▶ アレンジ（難易度アップ！）

ワークシートの最後のページに問題作成用の空白ワークシートがあります。子どものレベルに合わせてご活用ください。

領域 ▶ 言語・コミュニケーション

# 穴うめしりとり

## ねらい
穴埋め式のしりとりでは、語想起の力・音韻意識の発達を育みます。音韻意識とは、文字を音に変換する力のことです。この音韻意識が弱いと、たとえば、「きって→き て」「ねっこ→ね こ」と書いてしまうことがあります。

## 目的
・語想起の力や音韻意識の力の向上

## 事前準備
- 対象人数：1人～複数人
- 目安時間：10分
- 準備物　：筆記用具
  本書付録「穴埋めしりとり 問題プリント①～⑥」

```
しりとり-り〇ご-ごま-ま〇ら-ら〇〇〇る
-る〇〇〇と-と〇い-い〇か-か〇す-す〇か
-かめ-め〇ね-ねこ-こ〇ら-ら〇だ-だ〇〇う
-う〇ぎ-ぎ〇〇〇う-う〇〇し-し〇〇〇〇しゃ
-しゃ〇〇〇ま-ま〇〇す-す〇れ-れ〇す-すし
-し〇〇〇〇ん
```

```
しりとり-りんご-ごま-まくら-らんどせる
-るすっと-とけい-いるから-らすいか
-かめがね-ねこ-こあら-らくだ-だちゅう
-うさぎ-ぎゅうにゅう-うめぼし-しゃほしゃ
-しゃほんだま-まらす-すみれ-れたす-すし
-しんかんせん
```

## 進め方
① しりとりのプリントを準備します。
② 「〇の部分に適切な文字を入れて、しりとりを完成させてね」と子どもに伝えます。指でしりとりの順番を示しながら、最後の文字から次の単語が始まることを説明します。
③ ルールを理解したか確認します。「りんご」の「ご」で始まる言葉は何かな？」と質問し、適切な答えが返ってきたらルールが理解できていると判断します。答えられない場合は、例を示しながら繰り返し説明します。
④ しりとりが完成したら答え合わせをします。間違いがあれば理由を伝え、正しい文字を一緒に考えます。必要に応じてヒントを出してサポートします。
⑤ すべての答えが正解できたら成功です。

## 予測されること
丸穴を埋めることができない場合は、答えに結びつくイメージを伝えるヒントを出してください。たとえば、答えが「りんご」の場合は「赤い果物」などと具体的な特徴を伝えてください。

## ▶▶ アレンジ（難易度アップ！）
・お友達と複数人で取り組むことで、協力ゲームとしても楽しめます。
・問題プリントは①から始めてください。問題プリント⑥が一番難しいレベルになります。

領域 **言語・コミュニケーション**

# 虫食い連想ゲーム

### ねらい
穴埋め式の連想ゲームを用いて、推測する力やイメージする力、語想起の力の発達を育むトレーニングなります。

### 目的
・イメージする力の向上
・語想起の力、推測する力の向上

### 事前準備
・対象人数：1人～複数人
・目安時間：10分
・準備物　：本書付録「虫食い連想ゲーム プリント」

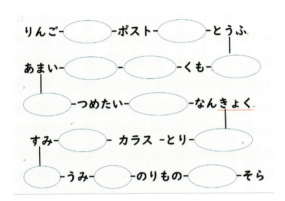

### 進め方
① 虫食い連想ゲームのプリントを準備します。
② 「たとえば、りんごとポストに共通する言葉で思い浮かべることは何かな？　答えは、『赤い』です」と子どもに伝えます。
③ 子どもが自分の言葉でルールを説明したり、簡単な例題を正しく解けるかを確認してからゲームを始めます。
④ すべて完成したら答え合わせをします。間違いがあれば理由を伝え、正しい言葉を一緒に考えます。必要に応じてヒントを出してサポートします。
⑤ プリントの問題にすべて正解したら成功です。

### 予測されること
解答欄を埋めることが難しい場合は、言葉のイメージにつながるヒントを伝えます。また、問題プリントの難易度が高い場合は、子どもの理解度に合わせたオリジナルの穴埋めプリントを作成してください。

#### ▶▶ アレンジ（難易度アップ！）
・お友達と複数人で取り組むことで協力ゲームになります。
・問題プリントは①から始めてください。問題プリント③が一番難しい内容になります。

第3章　療育メニュー50

**領域　言語・コミュニケーション**

# 連想ゲーム

## ねらい
思い浮かんだ言葉を文字に変換する力を育みます。この活動を通して、言葉の選び方や表現力が少しずつ広がり、他者とのやり取りや自分の伝えたい気持ちを伝える力が育まれます。

## 目的
・語想起の力の向上
・頭に浮かんだ言葉を文字に変換する力を高める

## 事前準備
・対象人数：複数人
・目安時間：10-15分
・準備物　：本書付録「連想ゲームプリント」

### 問題例　連想ゲーム

| | | | |
|---|---|---|---|
| 1．三角といえば | （　　） | 6．運動会といえば | （　　） |
| 2．スポーツといえば | （　　） | 7．風船といえば | （　　） |
| 3．動物といえば | （　　） | 8．小さいといえば | （　　） |
| 4．お正月といえば | （　　） | 9．学校といえば | （　　） |
| 5．野菜といえば | （　　） | 10．楽しいといえば | （　　） |

## 進め方
① 子どもに「このゲームでは、左側にある単語を見て、それに関連する言葉を思い浮かべて書いてみましょう」とルールを説明します。
② 左側に書かれた単語から連想する言葉を記入します。たとえば、「クリスマスといえば？」と書かれている場合は、「プレゼント」などが正解になります。
③ 制限時間を設定し、その時間内に最初に思い浮かんだ言葉を書いてもらいます。
④ 制限時間内に、すべての問題を解き終えれば成功です。

## 予測されること
語想起や文字にすることが苦手な場合は、なかなか書き始められない場合があります。この場合は、選択肢や関連するヒントを伝えてください。たとえば、「夏といえば」の問題に対しては、「海」「かき氷」などの選択肢を挙げると、イメージを膨らませやすくなります。

## アレンジ（難易度アップ！）

慣れてきたら、難易度をアップします。
・制限時間を短くして、できるだけたくさんの言葉を書き出す練習をしてみてください。
・お友達と一緒に、限られた時間内でどれだけ多くの言葉を書き出せるかを競います。
ルールを加えると、より楽しく取り組めるゲーム性のある活動になります。

領域 言語・コミュニケーション

# ことばさがし

## ねらい
ばらばらに並べられている平仮名から「いきもの」や「たべもの」の言葉を探すことで、言葉をまとまりとして捉える力を育てます。この力は、文章の読解や音読のスムーズさもつながります。

## 目的
・語彙力の向上
・言葉をまとまりとして捉える力の向上

## 事前準備
・対象人数：1人　　・目安時間：10分
・準備物　：鉛筆、消しゴム
　　　　　　本書付録「ことばさがしプリント」

## 進め方
① 教材シートを準備します。
② 子どもに「ばらばらに並んでいる平仮名の中に隠れている言葉を探して○をつけよう」と伝えます。
③ 子どもに、練習としてプリントの問題を1問示して、ルールの理解を確認します。実際に言葉を1つ見つけてもらい、ルールがわかっているか確認しましょう。
④ 1行に3つの言葉を見つけられたら成功です。

## 予測されること
言葉が見つからない場合は、「『あ』から始まる」や「丸い果物」など具体的なヒントを出し、考えやすく工夫します。また、提示する行数を減らして難易度を調整することも有効です。

## ▶▶ アレンジ（難易度アップ！）
・時間を測って実施することで、素早く読む力を育むことも可能です。
・他のカテゴリー（例：学校で使うものなど）の課題を、アレンジすることで、語彙力も育んでいくことができます。

領域 **言語・コミュニケーション**

# くじびき語想起

## ねらい
くじで引いたテーマ（赤い物など）に関する言葉を答えていき、語彙力・語想起力を高めます。

## 目的
・語彙力と語想起力の向上
・ルールを理解する力の向上
・聞いてイメージする力の向上

## 事前準備
・対象人数：1人〜複数人
・目安時間：10-15分
・準備物 ：本書付録「テーマを書いたくじ」
　　　　　（例：あかいもの、どうぶつのなまえ）
　　　　　サイコロ（難易度アップの際に使用）
※くじの枚数は参加人数に合わせて用意します

テーマ
あかいもの

## 進め方
①はじめに、くじを引く順番を決めます。
②子どもは、くじを引いて書かれているテーマ（赤い物の名前）に沿った言葉を答えます。
③テーマに沿った答えを伝えられると成功です。
④くじが全部なくなれば終了になります。

## 予測されること
くじで引いたテーマに合わせた言葉を思いつかない場合は、大人が頭文字などのヒントを提示してください。

## ▶▶ アレンジ（難易度アップ！）

・くじを引いた後にサイコロを振り、出た目の数だけテーマに沿った言葉を答えます。
・くじで引いた後にサイコロを振り、出た目の数の言葉を答えます。
（サイコロの目が3の場合、3文字の言葉を答えられると成功になります）

 領域 認知・行動

# おとのかず シールをはろう

### ねらい
文字を見て、その文字を音に素早く変換する力を「デコーディング」と言います。デコーディングを正確に行うには、単語を音の単位に分解し、操作する「音韻意識」が重要です。このトレーニングでは、デコーディングの基礎となる音韻意識を高め、読み書きの土台を育てます。

### 目的
・音韻意識の向上
・デコーディングの力の向上

### 事前準備
・対象人数：1人～複数人
・目安時間：10分
・準備物　：本書付録「おとのかず 問題プリント」

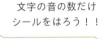

文字の音の数だけシールをはろう！！

### 進め方
① 「イラストの言葉の　文字数だけシールを貼ります」と伝えます。「たとえば『すいか』は3文字だから、シールを3枚貼るよ」と説明します。
② 子どもが文字数通りにシールを貼れたら成功です。
※最初は2～3文字の言葉から始め、少しずつ難易度を上げることで、無理なく取り組めます。

### 予測されること
「さかな」を「たかな」と言い間違える場合、音を聞き分ける力が十分に育っていない可能性があります。この場合、短い単語から練習を始め、焦らず進めましょう。たとえば、「さかな」のイラストを使って「さ」と「た」の音のちがいを確認させて、音の識別力と正しい音の認識を促します。

### ▶▶▶ アレンジ（難易度アップ！）
3～4文字ができたら、徐々に文字数の多い言葉に挑戦してください。促音（っ）、長音、拗音（ゃ、ゅ、ょ）を含む言葉は難易度が上がるため、子どものペースに合わせて無理なく進めてください。

# 音を聞き分ける力・操作する力

### ねらい
言葉を一つひとつの音に分解し理解する（音節分解）こと、そして分解した音から特定の音を取り出せる（音韻抽出）ようになることで、読み書きに必要な音韻意識が高まります。この活動を通じて、文字の音と意味のつながりを意識しやすくなり、文章を読み書きする際の基礎の力を育みます。

### 目的
・音韻意識（音節の分解と抽出）の向上

### 事前準備
・対象人数：1人～複数人
・目安時間：10分
・準備物：本書付録「音を聞き分ける力・操作する力ワークシート」

「あ～の/ア～ノ」の音を聞き分ける　　もんだい2

はじまりの おとが
おなじ ことばを つなごう！

### 進め方
① 必要な枚数のワークシートを印刷し、子どもに渡します。
② 各ワークシートの問題に合わせて、回答を進めます。
③ 子どもが問題プリントが終えたら、一緒に答え合わせをします。

### 予測されること
ワークシートに描かれているイラストの名前がわからない場合は、口頭でイラストの名前を教えてください。また、音韻意識が苦手な場合、回答を間違えることもあります。その際は、言葉を文字で示し、視覚的にヒントを伝えてサポートしてください。

### ▶▶ アレンジ（難易度アップ！）
ワークシートは、①音節数を数える問題、②語頭の音が同じ言葉を結びつける問題、③指定された音を含む絵を選ぶ問題の順番で進めてください。この順番は、音韻意識の発達段階に基づいたものになります。

 領域 認知・行動

# 音を聞き分ける力・操作する力（特殊音節編）

### ねらい
特殊音節（濁音「だ」・半濁音「ぱ」、拗音「きゃ」、促音「っ」、長音「-」など）を正しく認識することで、ことばの音と文字の関係を理解し、読み書きの基礎の力を育みます。

### 目的
・音韻意識（特殊音節）の向上

### 事前準備
・対象人数：1人〜複数人
・目安時間：10分
・準備物：本書付録「音を聞き分ける力・操作する力 ワークシート」

（いしゃ）

（かばん）

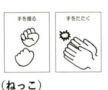
（ねっこ）

（ほうき）

### 進め方
○ワークシートは、濁音・半濁音編、拗音編、促音編、長音編の4つで構成されています。
（ゲーム性を取り入れたすごろく形式の活動も含まれています）
① 必要なワークシートを印刷して子どもに渡します。
② 各ワークシートの問題に沿って進めます。
③ 子どもが問題を終えたら、一緒に答え合わせをします。

### 予測されること
ワークシートの問題が難しい場合は、以下の2つの方法でサポートします。
① 音を動作化
　音を動作で表現します。例：清音「手拍子」、濁音・半濁音「机をたたく」、促音「手を握る」、長音「手を下に引く」拗音「手をねじって合わせる」など。
② 視覚化
　音をドットやマスで示します。例：ねっこ→「●●●」、おとうさん→「●●-●●」、きゃ→□ロで位置を示すなど。

### アレンジ（難易度アップ！）
単語を長くしたり、複数の特殊音節を含むものにすることで難易度が上がります。たとえば、「がっきゅうかい」や「きゅうりょう」などです。

第3章 療育メニュー50

領域 ▶ 認知・行動

# きくトレ

## ねらい
聴覚性ワーキングメモリや短期記憶が弱い子どもは、指示を忘れやすかったり、九九や読解問題、作文、話し合いの活動で苦手さを感じることがあります。この教材は、言語性ワーキングメモリや短期記憶を育みます。

## 目的
- 言葉の音韻意識、想像力の向上
- 聴いて覚える力（言語性短期記憶）の向上
- 聴覚的情報へ注意（集中）を向け続ける力の向上
- 聴いてメモする力（言語性ワーキングメモリ）の向上

## 事前準備
- 対象人数：1人〜複数人
- 目安時間：10分
- 準備物　：本書付録「きくトレ問題集」
  紙やホワイトボード

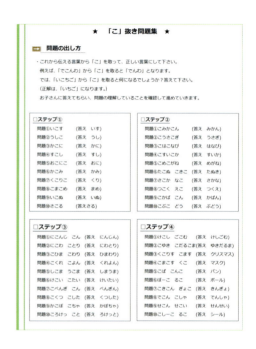

## 進め方
① 子どもと一緒に問題集の問題文と例文を読み、内容の理解を深めます。課題の意図や進め方を丁寧に確認します。問題の内容の理解が難しい場合は視覚的な例（例：「かこき」から「こ」を消して「かき」にする）を使って説明します。
② 問題は1問につき2回繰り返して伝えます。
③ 子どもが正しい答えを伝えられたら成功です。

## 予測されること
聴覚性ワーキングメモリや短期記憶が苦手な子どもは、答えがわからないことや繰り返し間違えることがあります。この場合は、ホワイトボードや紙に問題を書き出して視覚的に示してヒントを伝えてください。

## アレンジ（難易度アップ！）
問題集は、「こ」抜き問題集から始まり、「い」「か」抜き問題集、最後に「言葉探し」問題集へと進みます。それぞれ難易度が異なり、各問題シートにはステップ①からステップ④まで、順に難易度が上がる問題が用意されています。8割以上正解できたら、次のステップに進んでください。

 領域 認知・行動

# 同じ形を見つけよう&線たどり

:::: **ねらい**
この活動は、同じ形を見つけたり、線を指でたどることで、視覚認知の力を育むことを目的としています。特に、図と地の判別（図：意識の焦点となる対象、地：その背景部分）や、見た目が変わっても物の形や大きさが変わらないと理解する「形の恒常性」を身につけることにつながります。

:::: **目的**
・視覚認知の力の向上

:::: **事前準備**
・対象人数：1人～複数人
・目安時間：10分
・準備物：本書付録「同じ形を見つけよう&線たどり ワークシート」

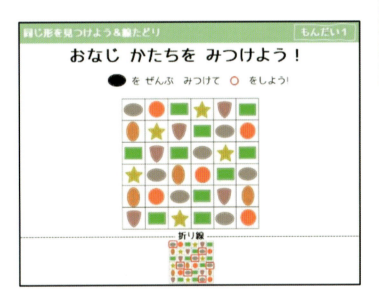

:::: **進め方**

○ワークシートの構成
・「同じイラストを見つける」と「線をたどり」の2つで構成しています。
① 必要な枚数のワークシートを印刷し、子どもに渡します。
② 各ワークシートの問題に合わせて、回答を進めます。
③ 子どもが、問題プリントが終えたら、一緒に答え合わせをします。

:::: **予測されること**
視覚認知の力が弱い子どもは、図と地の区別や形の認識ができず回答を間違えることがあります。
その際には、対象の形を指し示しながら声かけをしたり、視覚的なヒントを提示してサポートをしてください。

:::: ▶▶▶ **アレンジ（難易度アップ！）**

ワークシートの難易度の構成は、簡単なものから難しいものまで3つあります。子どもの発達レベルに合わせて適切なものを選択してください。

第3章 療育メニュー50

領域 ▶ 認知・行動

# 同じ形をかく

### ねらい
見本に合わせて、点と点を結んで、見本と同じ図形を完成させる活動になります。この活動を通して、視覚認知や目と手の協調性の力を育みます。

### 目的
・視覚認知の力の向上
・目と手の協調性の向上

### 事前準備
・対象人数：1人
・目安時間：10分
・準備物　：本書付録「おてほんをみてかこい ワークシート」

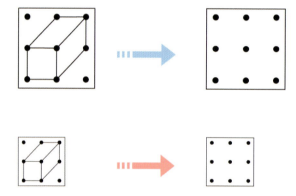

### 進め方
① お手本に合わせて、フリーハンドで模写します。このとき、必ず点を通ることを説明します。
② 見本と同じ図形を完成させると成功です。

### 予測されること
・視覚認知の力が弱い子どもは、お手本の図形と関係なく自分なりの図形を書いてしまうことがあります。この場合は、どの点の位置を通るのかを一緒に確認したり、通る点を色分けしてわかりやすくするなどのサポートをしてください。

### アレンジ（難易度アップ！）
ワークシートのレベルは、簡単なものから難しいものまで3つ用意しています。子どもの発達レベルに合わせて適切なものを選択してください。

# 数字を見ておぼえましょう！

## ねらい
黒板の文字をノートに写すには、「眼球運動」と「見て覚える力」が必要になります。この力は、漢字学習など多くの学習に役立つ基礎の力です。この活動では、数字を使って、「見て覚える力」を育みます。

## 目的
- 見て覚える力（視覚性短期記憶）の向上
- 視覚的情報へ注意（集中）を向け続ける力の向上

## 事前準備
- 対象人数：1～複数人
- 目安時間：10分
- 準備物：本書付録「数字を見て覚えましょうカード」

※問題数が多いため、タブレット、パソコンでの使用をお勧めします。

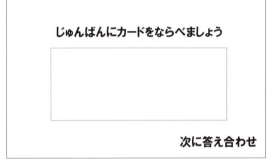

タブレットなどで子どもに10秒間見せて覚えてもらいます。　子どもは数字カードを並べて答えます。

## 進め方
① ルールを説明します。「これから見せる数字を10秒間見て覚えてください。その後、覚えた順番通りに並べてください」と伝え、子どもに数字カードを渡します。
② 練習問題でルールの理解を確認します。もし並べることが難しい場合は、手本を見せてサポートします。
③ ルールを理解したらゲームを始めます。1回で10問出題し、8問以上正解できれば成功です。

## 予測されること
答えを間違えたり、答えに時間がかかる場合は、視覚性短期記憶が弱い可能性があります。この場合、問題を見る時間を長くしたり、少ない数字から始めると効果的です。

## アレンジ（難易度アップ！）
- 問題は「3桁」から始まり、次に「4桁」、最後に「5桁」へと進みます。それぞれ難易度が異なり、8割以上正解できたら次に進みましょう。
- 覚える時間を10秒から5秒に短くすることで、さらに難しくなります。

# 数字を反対からおぼえましょう！

### ねらい
この教材では、数字を「覚える」だけでなく「反対から覚える」内容が加わります。この力は、見た情報を頭の中で整理し、適切な行動や考えを整理する力につながります。この力が弱い場合、図形の学習や片付け、整理整頓などの生活面の苦手さにつながります。

### 目的
- 見て覚える力（視覚性短期記憶）の向上
- 視覚的情報へ注意（集中）を向け続ける力の向上
- 見てメモする力（視覚性ワーキングメモリ）の向上

### 事前準備
- 対象人数：1～複数人
- 目安時間：10分
- 準備物：本書付録「見て覚えて反対からカード」

※問題数が多いため、タブレット、パソコンでの使用をお勧めします

タブレットなどで子どもに10秒間見せて覚えてもらいます。　　子どもは数字カードを並べて答えます。

### 進め方

これは「数字をおぼえましょう」と同じ進め方です。
① ルールを説明します。「これから10秒間数字を見て覚え、反対から順に並べてください。
② 練習問題でルールの理解を確認します。もし並べることが難しい場合は、手本を見せてサポートします。
③ ルールを理解したらゲームを始めます。1回で10問出題し、8問以上正解できれば成功です。

### 予測されること
「見る」だけで答えを間違えたり時間がかかる場合は、見る時間を長くしたり、覚える数字を減らす工夫してください。たとえば、「512」の場合、「真ん中の数字だけ覚えてみて」と伝えると、覚えやすくなります。

### ▶▶ アレンジ（難易度アップ！）
- 問題は「3桁」から始まり、次に「4桁」、最後に「5桁」へと進みます。それぞれ難易度が異なり、8割以上正解できたら次に進みましょう。
- 覚える時間を10秒から5秒に短くすることで、さらに難しくなります。

 領域 認知・行動

# モール文字

### ねらい
モールで文字をつくることで、文字の形を一文字ずつ立体的にイメージしながら理解を深めます。この活動を通じて、文字の形状や線の重なりを視覚的に捉える力も促されます。また、完成したモールの文字に触れることで、触覚を使って文字の形状を記憶し、読み書きの基礎力を高めます。

### 目的
・視知覚の力の向上（図と地）
・頭に浮かんだ言葉を文字に変換する力の向上

### 事前準備
・対象人数：1人～複数人　・目安時間：10分
・準備物　：モール（10本程度）・文字の見本（平仮名カードなど）

### 進め方
① 子どもが扱いやすいようにカットしたモールを準備します。色や太さは、子どもが興味をもちやすいものを選ぶと効果的です。
② 最初は、文字の見本の上にモールを置き、形をなぞるようにして文字をつくります。見本の形ができるようになったら、見本の隣に自分で文字をつくるステップに進みます。
③ 見本通りにつくれたら成功です。

### 予測されること
・見本の文字がつくれないときは、大人が手本を見せてサポートし、バランスや線の交差部分を意識できるように声かけをしてください。
・モールの先端が鋭い場合は、曲げて安全に配慮してください。

### ▶▶ アレンジ（難易度アップ！）
・見本は1文字から始め、慣れたら「いぬ」「ねこ」などの2～3文字に進みます。ひらがながつくれるようになったら、カタカナや漢字にも挑戦してください。
・目を閉じて触覚だけでモール文字を当てるゲームは、楽しく取り組める活動です。

第3章 療育メニュー50

97

領域　認知・行動

# ブロック教材①ふりこ運動

## ねらい
ブロック教材は、子どもの脳を活性化し、視空間認知や手指の巧緻性、形の概念理解を育てる効果的な方法です。活動を通じて、ブロックの組み合わせ方や並べ方を考え、試行錯誤しながらつくることで、問題を解決する力や論理的思考が育まれます。
また、自由な発想で組み立てを工夫することで、柔軟な思考力を育むとともに、手先の器用さが日常生活の動作に役立つ基礎力を高めます。
ここでは、『ふりこ運動』と『平行運動』の２つのブロックについてご紹介します。

## 目的
・手先の巧緻性の向上
・視空間認知の向上
・概念や仕組みを理解

## 事前準備
・対象人数：１人〜複数人
・目安時間：20分
・準備物　：すてむぼっくす（ブロック）、組み立てガイド

〈ふりこ運動〉
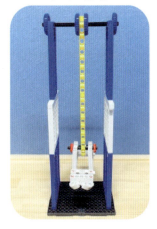

〈平行運動〉

## 進め方

○ブロックを組み立てる
①子どもに「組み立てガイド」を渡し、必要なブロックのパーツを集めてガイド通りに組み立てます。
②ガイド通りブロックを組み立てることができれば成功です（進め方は２つの教材とも同じです）。
○使い方
※ふりこ運動
①子どもに往復の数え方を示しながら伝えます。
②スタートの合図で10秒間、ふりこを揺らし、往復する回数を数えます。
③揺らす大きさによって、ふりこが往復する回数にちがいがあることや、おもりの重さが振り子の周期に与える影響を学びます。
※平行運動
①作成したロープウェイで、ブロックや身の回りのものを運ぶ。
②お友達のロープウェイと合体させ、大きなロープウェイを作成する。

領域 ▶ 認知・行動

# ブロック教材②平行運動

### 予測されること
ブロックを集めるのに時間がかかる場合は、事前に必要なブロックを準備してあげます。また、組み立てガイドでわからない場合には、手本を示しながら取り組んでください。

### アレンジ（難易度アップ！）
- 自分でつくれる子どもには、制限時間を設定することで集中力が高まり、時間管理の力を育むことにもつながります。
- お友達2人以上で1つの作品を完成させる活動にすることで、協力し合う力やコミュニケーション力を育てます。また、役割分担を意識することで、社会的スキルの向上にもつながります。

### すてむぼっくすのご紹介

ここで紹介した課題は特定ブロック教材を使用しています。これは株式会社ヴィリングが提供している「すてむぼっくす」という療育教材の一部を抜粋したもので、「すてむぼっくす」とは手を動かしてものの仕組みを体験できるSTEAM教育と、プログラミング教育が組み合わさった教材レンタルサービスです。

教科横断的な課題かつ正解がないSTEAM教育は、認知や運動のほか社会性を育むこともできます。ものづくりの体験を通して指先練習に加え、「順序だてて考える力」や「工夫する力」など、日常生活につながる力を育むことができるのです。

「曖昧さ」のないプログラミングの世界は、障害をもった子どもにとって居心地がよく夢中になって取り組みやすい分野です。就労を見据えた活動とすることも可能です。

このような課題が1年間を通じて体系的にカリキュラム化され、ブロック教材やタブレット、副教材、指導マニュアルを使って実施できるようになっています。

詳細は右の二次元コードからご覧になれます。

# 文字の並び替え

## ねらい
この活動では、バラバラになった文字を並べ替えて言葉をつくる過程を通じて、語彙力や記憶の想起力、視覚性ワーキングメモリの向上を図ります。また、ひらがなの形を視覚的に認識することで、言葉の理解が深まり、言語スキルの向上につながります。

## 目的
- 語彙や語想起の力の向上
- 視覚性短期記憶、ワーキングメモリの向上

## 事前準備
- 対象人数：1人
- 目安時間：10分
- 準備物　：本書付録「文字の並び替え教材シート」、鉛筆、消しゴム

## 進め方
① 本書付録の「文字並び替えワークシート」を用意します。
② 活動内容を説明します。「バラバラになったひらがなを頭の中で並び替えて、正しい言葉をつくってみましょう」と子どもに伝えます。
③ ルールの理解を確認するために「ごんり」という問題を提示します。この際、正しい答えが「りんご」であることを子どもが導き出せればルールを理解していると判断し、ワークシートの問題に取り組みます。
④ 子どもがすべての問題を正しく解けたら活動は成功です。

## 予測されること
- 子どもが答えを思い浮かべられない場合は、「あ」から始まる言葉や「赤くて丸い果物」などのヒントを出してサポートしてください。
- 答えの言葉を知らない場合は、一緒に意味を確認して、新しい言葉を覚えるように進めてください。

## アレンジ（難易度アップ！）
出題する文字数を増やすと難易度が上がります。また、スタッフが文字を読み上げ、子どもに頭の中で答えを考えさせることで、聴覚性ワーキングメモリを育む活動にもなります。

 領域 社会性・人間関係

# 協力運びゲーム

### ねらい
お友達と息を合わせてゴールを目指します。この活動では、相手のペースに合わせることで、協力する力を育みます。

### 目的
- 自分の気持ちをコントロールする力の向上
- お友達関係（他者意識や伝える力）の向上

### 事前準備
- 対象人数：2人1組
- 目安時間：10-15分
- 準備物　：色々な大きさのボールや風船、棒2本（突っ張り棒など）、ゴールの箱

### 進め方
① 2人1組でペアをつくり、向かい合って立ちます。両手で2本の棒を持って準備します。
② 棒の間にボールを挟み、バランスを取りながらスタートします。ポイントとして、棒の位置や力加減を調整して、ボールを安定させます。
③ ゴールまで息を合わせてボールを運びます。声をかけ合いながら、ボールが落ちないよう注意します。
④ ボールをゴールの箱に入れられたら成功です。

### 予測されること
繰り返しボールを落としてしまう場合は、ペアで棒の持ち方や力加減について話し合います。それでも難しい場合は、大人が一緒に棒をもってゴールまで運ぶサポートをしてください。

### ▶▶ アレンジ（難易度アップ！）
- 距離を少しずつ伸ばして難易度を上げると、集中力や協力がより求められる活動になります。
- ボールの大きさを変えると難易度を調整できます。小さいボールはバランスと力加減が重要になります。
- チーム対抗やリレー形式にすると、ゲーム性が高まり楽しく取り組めます。

領域 社会性・人間関係

# 形と色をこたえよう

## ねらい
イラストを見て色や形を素早く答える活動を通して、気持ちの切り替えや集中力を育みます。また、次々と変わる情報に対応することで、判断力や行動力を高め、柔軟な対応力の向上にもつながります。

## 目的
・集中力の向上
・気持ち（注意）を切り替える力の向上

## 事前準備
・対象人数：1人
・目安時間：10分
・準備物　：本書付録「形と色 ワークシート」

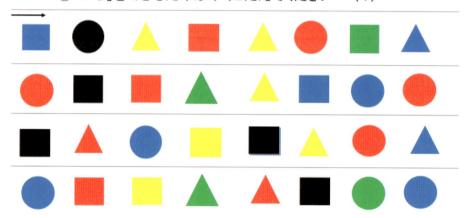

## 進め方
① ワークシートを渡し、「このワークシートには2つの課題があります。まずは形をできるだけ早く答えてください。その後、色をできるだけ早く答えてください」と順番を説明します。
② 練習問題を出して、ルールを理解しているか確認します。
③ 最後まで素早く正確に答えられたら成功です。

## 予測されること
注意の切り替えが苦手な場合、ルール通りに読むのが難しいことがあります。この場合は、ゆっくり正確に読むことや大人が指差しで読む位置を示すサポートをしてください。

## ▶▶ アレンジ（難易度アップ！）
・制限時間を設定すると集中力が高まり、難易度が上がります。短時間で答えることで判断力も育まれます。
・1行目は形、2行目は色と交互に読むと、情報の切り替えが必要になり難易度がアップします。この内容では柔軟な思考力にもつながります。

# ドキドキ鬼ごっこ

## ねらい
対人関係のスキルを高め、社会性や協調性を育みます。また、「もしあの人が鬼ならどうするか」と他者の視点から考える経験を通じて、他者の行動を理解する力や状況を読み取る力も育みます。

## 目的
・相手の気持ちを理解する力の向上
・気持ち（注意）を切り替える力の向上

## 事前準備
・対象人数：6～10人程度
・目安時間：30分程度
・準備物　：タイマー、輪ゴムなど目立ちにくい物（鬼の目印用）

## 進め方

① ルール説明
全員に目を閉じてもらい、大人が静かに1人を鬼を選びます。鬼に選ばれた子どもだけにこっそり知らせます。その後、鬼は他の人に気づかれないよう静かにタッチします。タッチされた人は黙って座り、ゲームを続けます。制限時間後に鬼を発表し、正解できたら成功です。

② ルール確認
「タッチされたら黙って座る」「鬼の正体をばらさない」など、ルールを簡単におさらいしてからゲームを始めます。

③ 制限時間（約5～10分）が終了したら、「誰が鬼だったでしょうか？」と問い、鬼を発表します。

④ 鬼を見つめることができたら成功です。

## 予測されること
・鬼が誰かわからず不安だったりルールを理解できていない場合は、見学を通じてルールと流れを確認してから参加してもらいます。
・広い場所を確保し、衝突や転倒のリスクを減らします。また、室内や狭い場所では、ゆっくり歩くなど動く方法を指定して安全に進めてください。

## ▶▶ アレンジ（難易度アップ！）
ゲームエリアを広げると逃げ方の戦略を考える楽しさも含めた活動になります。

領域 社会性・人間関係

# ジェスチャービンゴ

### ねらい
この活動は、相手のちょっとした表情の変化や仕草、声のトーン、視線から「何をしているか」を推測する過程を通じて、相手の気持ちを理解する力を育みます。

### 目的
・ルールを理解する力の向上
・相手の立場を考える力の向上（他者視点）

### 事前準備
・対象人数：2人～複数人
・目安時間：5-10分
・準備物　：3×3のマス目のシート、マス目に収まるイラスト、鉛筆、糊、ハサミ

### 進め方

① まず、イラストを切り取り、ビンゴカードのマスの中に好きな順番で貼り付けます。
② 次に、ゲームのルールを説明します。問題を出題する人と回答者に分かれます。
「問題の出題者は、自分のビンゴカードにあったイラストをみてジェスチャーで表現し、回答者がそれを当てます。出題者のジェスチャーが回答者が正しく解答できたら、出題者と解答者はビンゴカードを開きます。ビンゴカードがビンゴになったら勝ち」と説明します。
③ ルールの理解ができているのか、一度確認をします。理解できていることを確認したら、ジェスチャーを出題する順番を決めてゲームを始めます。
④ 参加児童の誰かがビンゴになったら終了します。

### 予測されること
・ルールの理解が難しい場合は、大人がお手本を示しながら一緒に行ってください。
・ジェスチャーが苦手な子どもには、真似するポーズの絵カードなどを見せながらポーズをとれるようにサポートしてください。

### アレンジ（難易度アップ！）

・お題の内容を変更することで、難易度を上げることができます。たとえば、細かい指示を追加して「〇〇を食べる」といった具体的な動作を含めると、より難しくなります。
・ビンゴの列を2列揃えるように設定すると難易度を上げることができます。

# グーパー体操

## ねらい
グーパー体操を活用し、注意機能の向上を促す活動です。この体操では、複数のことに同時に注意を向けたり、動作を切り替える力を育てます。この力が育つことで、気持ちの切り替えがスムーズになり、話を聞きながらメモを取るなど、複数の作業を同時に進められる力につながります。

## 目的
- 複数のことへ同時に注意を配る力の向上
- 注意（気持ち）の切り替えや感情コントロールの向上

## 事前準備
- 対象人数：1人～複数人
- 目安時間：約10分
- 準備物　：ありません

(繰り返す)

## 進め方

① 始まりのポーズを説明します。
　椅子や床に座った状態で、右手をパーにして前に出します。左手はグーにして胸の辺りに置いてください。正しくポーズが取れたら、次にルールを説明します。

② ①のポーズの状態から、大人が「ハイ！」と号令と手拍子をします。その合図に合わせて、左手をパーにして前に出し、右手はグーにして胸の辺りに置きます。この動きを「ハイ！ハイ！ハイ！」という大人の号令と手拍子に合わせて繰り返します。

③ これを10回繰り返します。リズムに合わせてできると成功です。

## 予測されること
ルールを理解できても、手拍子と号令に合わせられない場合があります。この場合は、リズムをゆっくりにして一つずつ動作を確認していきます。

### ▶▶ アレンジ（難易度アップ！）

手拍子と号令のテンポを速くすると難しくなります。また、前に出す手をグー、胸のあたりがパーとポーズを変えることでさらに難易度が上がります。

領域 社会性・人間関係

# ピンポン玉リレー

## ねらい
「ピンポン玉」を使って、仲間と協力してリレー形式で活動することで、チームワークや協調性を育みます。同時に、リレーのルールを守りながら取り組むことで、ルールを理解して、適応する力を身につけます。

## 目的
・ルールの理解の向上
・他者との協調性の向上

## 事前準備
・対象人数：1人〜複数人　・目安時間：約10分
・準備物：大きめのスプーン、ピンポン玉、カラーコーン、スタートラインを示すテープ

## 進め方
① 2〜4人で1チームをつくり、リレーの順番を決めます。
② 第1走者はスプーンにピンポン玉をのせて「よーい、スタート！」の合図でカラーコーンまで走り、折り返してスタート地点に戻ります。
③ スタート地点で、第2走者のスプーンにピンポン玉を手を使わずにバトンタッチします。
④ 第1走者はスプーンを第3者に渡し、次の走者に交代します。
⑤ 最後の走者がゴールし、全員が座ったら終了です。一番早くゴールしたチームが勝ちです。

## 予測されること
ピンポン玉を落としやすい場合は、深さのあるスプーンを使用してください。勝敗や失敗が気になる子には、安心できる声かけや道具の工夫を取り入れてください。

## アレンジ（難易度アップ！）
スタートとゴールの距離を長くしたり、障害物を設置すると難易度が上がり、より楽しめる活動になります。障害物を設置する際は、転倒しないよう十分注意してください。

領域 **社会性・人間関係**

# かごの中身記憶ゲーム

## ねらい
かごの中のアイテムを短時間で記憶し、それを思い出して正解数を競う活動になります。この活動を通して、記憶する力やルール理解や勝敗にこだわり過ぎない感情をコントロールする力を育みます。

## 事前準備
- 対象人数：1人〜複数人
- 目安時間：約10分
- 準備物　：かごや箱など、かごや箱を覆い隠すことができる布、アイテム20種類程、書き出しシート、ストップウォッチ

## 目的
・ルール遊びの理解の向上
・自分の気持ちをコントロールする力を育む

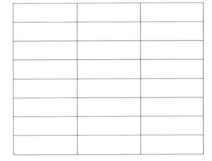

かごに入っていたアイテムを書き出そう！

## 進め方

この活動には、記憶力を試す「個人戦」と、お友達と協力する「チーム戦」の2つの進め方があります。
〇個人戦ルール
① かごに5個のアイテムを入れて隠し、参加児全員へ、書き出しシートを渡します。
② 参加者に3秒間だけ見せます。その後、覚えたアイテムをシートに書き出します。
③ 一番多く正解した人が勝ちです。
〇チーム戦ルール
① 2〜3人でチームをつくります
② 各チーム順番にかごのアイテムを3秒ずつ見て全員で覚えます。
③ チーム全員で相談して覚えたアイテムをシートに書き出し、正解が多いチームが勝ちです。
※活動のスペースがあれば、一斉にかごの中身を見せるルールに変更してもよいです。

## 予測されること
覚えることが苦手な子どもは、アイテムを覚えることができない場合があります。この場合は、個別もしくは全体で見せる時間を延ばすなどの工夫をして、楽しく取り組めるようにサポートしてください。

## ▶▶▶ アレンジ（難易度アップ！）

かごの中のアイテム数を増やすことで記憶する内容が多くなり活動の難易度が上がります。

領域 **社会性・人間関係**

# メンタルローテーション

### ねらい
提示されたイラストと同じものを、枠の中から指定された個数を見つけるワークシートの活動です。対象物を固定したまま頭の中で回転させ、別の角度から捉えるメンタルローテーション課題を通して、他人の立場になって相手の心の動きを考える力を育みます。

### 目的
・相手の立場を考える力の向上

### 事前準備
・対象人数：1人〜複数人
・目安時間：約10分
・準備物　：本書付録「メンタルローテーション 課題」

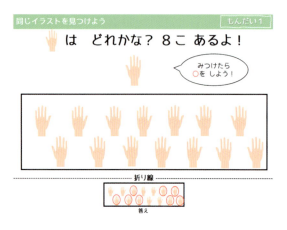
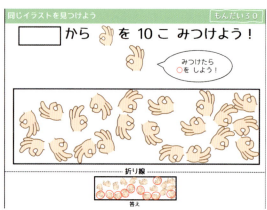

### 進め方
①ワークシートを印刷して、子どもに渡します。
②各ワークシートの問題に合わせて、子どもが自分のペースで取り組みます。
　このとき、問題がわからない場合は、一つ問題を一緒に解いて理解を促します。
③子どもが問題を解き終えたら、一緒に答え合わせをします。
④ワークシートの問題に正しく回答できていれば成功です。

### 予測されること
問題を間違えやすい子どもには、形を切り取って実際に見比べながら答えを探す方法を試してみてください。また、「10個見つけよう」のような問題の場合は、「5個」にするなど、見つける数を少なくして取り組みやすくするサポートをしてください。

### ▶▶ アレンジ（難易度アップ！）
ワークシートの難易度の構成は、簡単なものから難しいものまで3つあります。
子どもの発達レベルに合わせて適切なものを選択してください。

# おわりに

　この本を出すきっかけになったのは、共同著者の小嶺さんが所属する株式会社みやとの代表である岩切貴徳社長との出会いによります。

　岩切社長が2022年の９月ごろに、私が経営する株式会社ヴィリングの「すてむぼっくす」という療育教材を知り、一緒にコラボしたいとメールをいただいたのがはじまりです。

　「すてむぼっくす」とは手を動かしながら学ぶ手法を軸にした療育教材で、抽象的な思考が難しい発達障害のお子さんでも、具体物を通じて認知機能や社会性などをトレーニングできるものです。

　教材開発に困っている放デイ事業所に広まっていったのですが、その過程であることに気づきました。「教材の利用の仕方が事業所によってかなり異なる」ということです。どうやらそのちがいは集団か個別かという視点だけではなく、アセスメントのちがいであることもわかりました。

　少々乱暴な表現をすると、「適切なアセスメントができていない事業所が多い」ということです。

　しかし現場を責めるわけにもいきません。福祉業界、特に児童発達支援の制度は2012年にできた歴史の浅い制度です。現場のみならず医学・研究の分野でもまだまだ未開拓なことばかりといえるでしょう。

　このようなもどかしさを抱いているところに、福岡県と宮崎県を拠点とする岩切社長より突然メールをいただき、そこには、

　「療育が何たるかを知らずにこの業界で仕事をする者がたくさんいます。それにより子どもの誤学習が生じているのも事実です。そのような現状を打破していきたいが、マーケティングや営業機能がなくうまくいっていない。コラボできないか？」

　という趣旨が書かれていました。

　私はすぐに福岡に行き、みやと社を訪問したところ、脳科学の知見に基づいたアセスメントをしっかり行い、スタッフみなさんがイキイキと療育に取り組んでいる現場に驚きました。

　ここまで根拠のある療育を実践している事業所を見たことがなかったのです。その中心となって率いているのは共同著者の小嶺さんでした。

　医療や研究の分野ではわかってきていることが、現場で活かされていないことはたくさんあります。せっかくの知見が子どもたちに享受されていないのです。

これは非常にもったいないことであります。

また、享受されていないだけでなく誤学習が起こっていたり、二次障害につながっていることも耳にします。昨今の不登校者が30万人を超えたことにも関係しているように思うわけです。

また、推測の域を出ませんが、大人の精神障害者数の増加や、生きづらさにもなんらか影響があるのではないでしょうか。

スタッフの知識や技能が不足していることで子どもが誤学習や二次障害になることはどうしても看過できません。子どもたちが自分らしさを大事にしながら社会とともに生活をしてほしいのです。

私たちは、医療や研究の分野ですでに実証されている知見を現場に落とし込んでいく活動をしていきたいのです。そのために株式会社ヴィリングと株式会社みやと社が共同でセミナーを開催したり、AIセラピストco-miiというアセスメントシステムを開発したりしています。

そしてこの本の出版も、「アセスメントの知見を多くの人に知ってほしい」という活動の一環にあります。

活動ははじまったばかりですが、みやと社のスタッフのみなさんと、そして株式会社ヴィリングのco-miiを担当するチームメンバーたちと一緒に取り組んでいきたいと思います。

最後に、この出版の提案を快く受けてくださった東洋館出版社の北山さんにも謝辞を送ります。公教育分野が中心のため療育分野の事例が少ないそうですが、「この企画は絶対に通します！」と言ってくださったことが心強く、最後まで伴走していただき仕上げることができました。ありがとうございました。

株式会社ヴィリング　代表　中村一彰

## 中村一彰　株式会社ヴィリング代表取締役

埼玉大学教育学部卒。教育実習にて公教育の画一的な集団形成に違和感を抱き民間に就職。
株式会社ゴールドクレストを経て、医療・介護向けITベンチャーの株式会社エス・エム・エスに転職。同社では創業期からマザーズ上場、東証一部への市場変更までの7年間で、新規事業・人事の責任者などを歴任。2012年8月に退社。
同年、株式会社ヴィリングを創業。時代に合った教育への改革を志し、探究学習とSTEAM教育の実践をスタート。民間教育/公教育の両面から日本の教育のアップデートに取り組む。
著書「AI時代に輝く子ども-STEM教育を実践してわかったこと」（cccメディアハウス出版）
小学校教員免許

Lego serious Play 認定ファシリテーター
小金井市立前原小学校　理科教員（H29年度）
東京都教育委員会プログラミング教育推進事業者（2018,2019年）
大阪市教育委員会プログラミング教育推進事業者（2017,2018年）
埼玉県八潮市プログラミング教育推進事業者（2021,2022年）
徳島県松茂町STEAM教育プロジェクト（2021,2022,2023,2024年）

## 小嶺 一寿　AIセラピストco-mii 開発者

株式会社みやとの作業療法士。療育センターや福祉の児童分野で16年以上の経験を持ち、放課後等デイサービスや保育所等訪問支援に携わる。自治体や公的機関との共同プロジェクトにも参加し、研修会の主催や講師として、療育の現場で幅広く活躍。学校の先生向けに療育支援についての講義も行い、福祉と療育の発展に尽力している。

## 放課後等デイサービス
## ５領域に対応
## 療育トレーニング50

2025（令和7）年2月12日　初版第1刷発行
2025（令和7）年6月12日　初版第3刷発行

著　者　中村 一彰・小嶺 一寿
発行者　錦織 圭之介
発行所　株式会社 東洋館出版社
　　　　〒101-0054　東京都千代田区神田錦町2-9-1
　　　　　　　　　　コンフォール安田ビル2階
　　　　（代　表）TEL：03-6778-4343　FAX：03-5281-8091
　　　　（営業部）TEL：03-6778-7278　FAX：03-5281-8092
　　　　振　替　00180-7-96823
　　　　U R L　https://www.toyokan.co.jp


[装　丁] 中濱健治
[イラスト] 熊アート
[組　版] 株式会社 明昌堂
[印刷・製本] 株式会社シナノ

ISBN 978-4-491-05668-5　　　　　　　　Printed in Japan

JCOPY 〈（社）出版者著作権管理機構 委託出版物〉
本書の無断複写は著作権法上での例外を除き禁じられています。複写される場合は、そのつど事前に、（社）出版者著作権管理機構（電話 03-5244-5088,FAX 03-5244-5089、e-mail: info@jcopy.or.jp）の許諾を得てください。